WACHAMBURGER
AMATSUKI
DO

あまつき 4
Contents

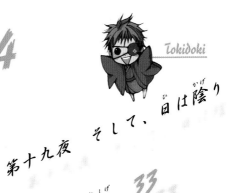

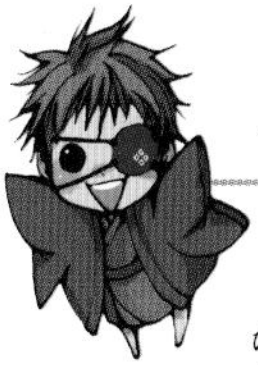
Tokidoki

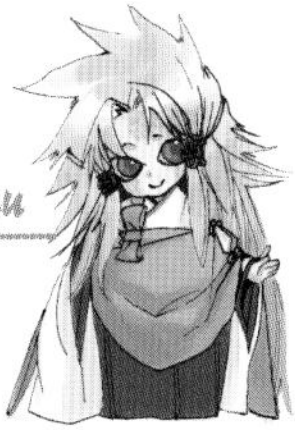
Ginshu

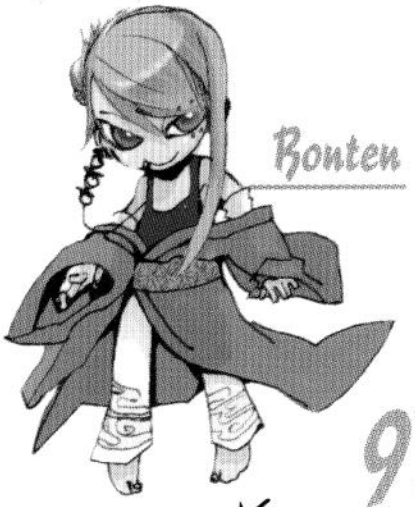
Bonten

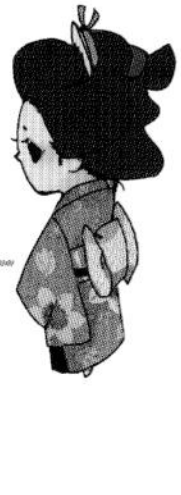
Benitobi

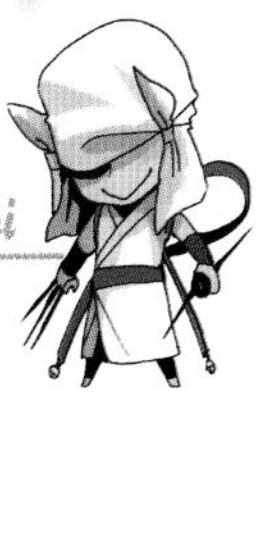
Kurotobi

あまつき
四
高山しのぶ

人物紹介

六合鴇時《りくごうときどき》…のんびりした性格の高校生。鵺《ぬえ》に襲《おそ》われ、左目の視力を失ってしまう。天網《てんもう》を書き換《か》える力を持つ「白紙《はくし》の者」でもある。
篠ノ女紺《しののめこん》…三年前にこちらの世界へ迷い込んでしまった、鴇《とき》時《どき》の同級生。
銀朱《ぎんしゅ》…四天《してん》の一人でありサカガミ神社の姫巫女《ひめみこ》。ある妖《あやかし》に呪《のろ》いをかけられている。
朽葉《くちは》…鴇時《ときどき》を鵺《ぬえ》から助けた女剣士。犬神憑《いぬがみつ》きの家系で、周囲からうとまれてきた。初めは楽天的な鴇時《ときどき》を嫌うが、次第に心を開き始める。
梵天《ぼんてん》…強い力を持つ妖《あやかし》であり、天網《てんもう》を読み解くことができる四天《してん》の一人。
露草《つゆくさ》…梵天《ぼんてん》の仲間の妖《あやかし》。人に恨《うら》みを持つ稲荷《いなり》と行動を共にしている。
真朱《しんしゅ》…銀朱《ぎんしゅ》の妹。兄の呪《のろ》いを解《と》くため鴇《とき》時《どき》と行動を共にする。
平八《へいはち》…鴇時《ときどき》、紺《こん》の知人。露草《つゆくさ》と出会い事件に巻き込まれる。
沙門《しゃもん》…朽葉《くちは》の育て親で、妖《あやかし》退治をしている坊主。

✿あらすじ✿

最先端のＣＧ技術で江戸の町を再現した大江戸幕末巡回展を訪れた鴇時《ときどき》は、妖《あやかし》・夜行《やこう》と鵺《ぬえ》に襲われ、幕末の江戸に酷似《こくじ》した異世界に迷い込んでしまう。

この世界に馴染み始めた鴇時《ときどき》だったが、梵天《ぼんてん》や、妖退治の総本山の姫巫女《ひめみこ》・銀朱《ぎんしゅ》、その妹・真朱《しんしゅ》との出会いによって、世界の均衡を巡る大きな流れへと巻き込まれてゆく。

銀朱《ぎんしゅ》の呪《のろ》いを解く術《すべ》を探すため、町に出た鴇時《ときどき》、朽葉《くちは》、真朱《しんしゅ》らは、妖《あやかし》が原因と思われる事件を調べ始める。妖《あやかし》退治を頼まれた沙門《しゃもん》は、事件の大元となる場所に向かい、一方、露《つゆ》草《くさ》も稲荷《いなり》の願いを叶えるため、怪我をした平八《へいはち》と分かれて件《くだん》の場所へと赴《おもむ》く。

そして、露草《つゆくさ》を探す梵天《ぼんてん》は、平八《へいはち》から話を聞き——。

ゴホゴホッ
ったく
埃《ほこり》っぽいな この蔵《くら》はっ
しかし、これだけ 探《さが》し回っても この蔵《くら》の中にゃ何も 見つからんのだから おかしなもんだ
雑妖《ざつよう》の類《たぐい》も ここにはいないようだし…
そのかわりに えらく清《きよ》められ すぎてるというか
他《ほか》の僧主《そうしゅ》呼んで 浄《きよ》めでも したか？
？

!?
なんだ
これは
この蔵《くら》の中の粉《こな》…
埃《ほこり》じゃないのか?
さりりっ
これは…

第十九夜
そして、日は陰《かげ》り

それじゃ 行ってくるから お客人のこと よろしくね
行ってらっしゃい 気を付けて!!
ヘイ! 行ってらっしゃいやし!!
大丈夫かな…二人だけで…
さぁさ、お客人 中に入ってお茶でも どうだい?
あ——はい どうも
いやぁ あんた 背ぇ高えな!! やっぱ芸人なんだろ? なんの役者なんだい
ぬっ

やっぱり！
あの時の坊《ぼう》や
目立つからすぐわかったよ!!
……っ
あ
なでなで
あの時の医者のおばあさん!!
クスクスクス
ああよかった忘れないでくれてたのかい
あの時は結局役に立てなくて悪かったねぇ
あっ
いえいえそんな
診《み》てもらっただけでも安心しましたし
それより今日はどうして薬問屋にいるんだい？
まさか…
目が悪化《あっか》したとか？

いえ 目は別に…ただ知人《ちじん》の用で
知人《ちじん》？——ああ！
じゃあもしかして沙門《しゃもん》と一緒に出て来てるのかい
え？ 沙門《しゃもん》さん？
おや 違うのかい？
沙門《しゃもん》の奴がここらに出て来てるって聞いたけれど
ねえ 三吉《さんきち》さん
へえ、なんでもすぐそこの中村屋《なかむらや》さんにいらしてるようで
そこの番頭《ばんとう》さん えらい泡食《あわく》って呼びに行ってたんで、よく覚《おぼ》えてやすよ
え、じゃあ沙門《しゃもん》さんがこの近くに来てるんですね！

パ
うっ 後ろから
あからさまに喜んでいる気配がする
ふりかえらない ふりかえらないぞ
あ 貴方《あなた》もいたのね
こんな所《きのと》まで出てくるなんてめずらしいのね
話の流れで仕方《しかた》なくです
沙門《しゃもん》様のご用事はお仕事ですか？ただの私用？
さぁ…でも雰囲気《ふんいき》からして和《なご》やかな感じではなかったから…
中村屋《なかむらや》さんのお身内に不幸があったとは聞かないけれど
それじゃ私はこの辺で…
あっ
奇遇《きぐう》だな！
沙門《しゃもん》様が近くに来られているなんて！

…気にしてない、か
かなわないな――…
ちぇ
なぁ 中村屋《なかむらや》って どの辺だと思う
ん――
聞いてないな
ううーん
こら
へえ 中村屋《なかむらや》さんですか そんなら確かに すぐそこですよ
どうぞ おいなりさんです
コトッ
よかったら地図 お出ししましょうか

これ
お医者様の
回診用《かいしんよう》の地図
なんですがね
これ、日本橋《にほんばし》の
地図ですよね
ここがうちの
萬屋《よろずや》
そんでここが
中村屋《なかむらや》さんです
こちらがもう少し
縮尺《しゅくしゃく》を大きく
したもの
ここが日本橋《にほんばし》
ここが御城《おしろ》ですね
この辺が兄様達《にいさまたち》の
向かった内藤新宿《ないとうしんじゅく》
ここが隅田川《すみだがわ》
ですね
この堀《ほり》の形…
皇居《こうきょ》の堀《ほり》じゃ…
え
じゃあ江戸城《えどじょう》って
今の皇居《こうきょ》?
あれ? この地図どことなく見覚えが

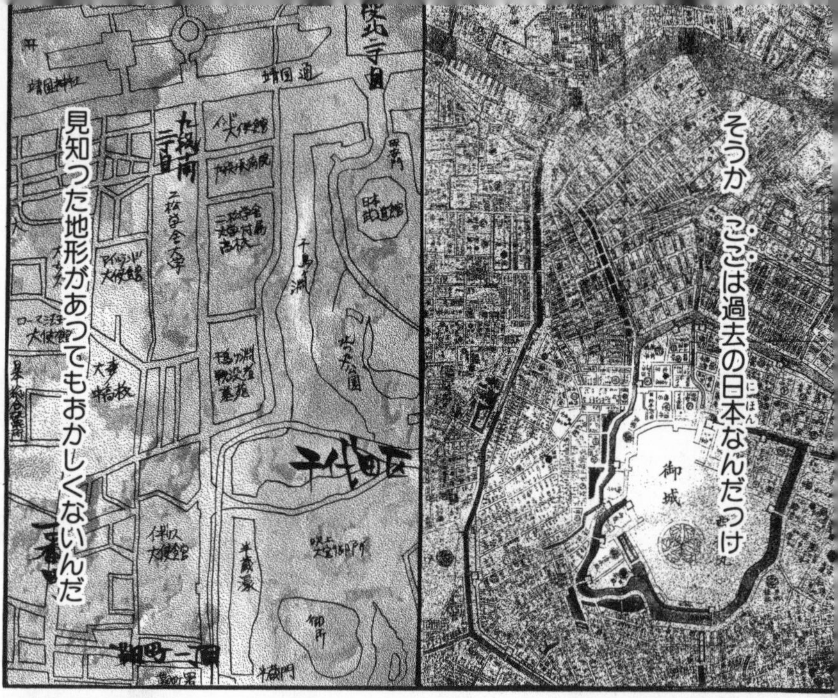
そうか　ここは過去の日本《にほん》なんだっけ
見知った地形があってもおかしくないんだ
御城

御江戸大絵図(鹿児島大学付属図書館所蔵)

ここが隅田川《すみだがわ》なら
川《かわ》とか池《いけ》の名前《なまえ》とか形《かたち》って変《か》わってないんだ
ここ日本武道館《にほんぶどうかん》の近くの千鳥《ちどり》ケ淵《がふち》だよな?
この不忍池《しのばずのいけ》辺《あた》りが今の上野《うえの》?
そのうち上野《うえの》辺《あた》りで
小っさい家でも建ててやるさ

鴇《とき》？
あ
なんでもない
変だな
あちらとのつながりを感じた途端《とたん》
急に心細くなった
しかし変だな
沙門様《しゃもん》がこんな所にまで出てくるなんて
普通の相談なら寺で受けるはず…
法事《ほうじ》でないのなら…
可能性はひとつ

妖関係《あやかしかんけい》
じゃあまさか
その事件が…
話を聞く限り…
ただの知人《ちじん》への
訪問《ほうもん》とも思えない
今までお互《たが》い
ほとんど来ることが
なかった所で
沙門様《しゃもんさま》と
用がかぶるのも
……
偶然《ぐうぜん》にしちゃ
できすぎてる…か
確認してみないと
だよね、やっぱり

?
どこかに
行くの?
一緒に
行っていい?
あーーー…と　えっと
真朱《しんしゅ》ちゃんは…
……
連《つ》れていくのは
ちょっとな…
妖《あやかし》がいるかも
しれないし…
!
やっ
やだっ!!!
一緒に行く!!
……
真朱《しんしゅ》ちゃん

真朱《しんしゅ》もっ
真朱《しんしゅ》だって何かしたい
おいてかないで
一人にしないで
…ならば私一人で行くか
えっ!! だめだよ朽葉《くちは》!!
皆《みな》で行けばいいの!!
うるさい、お前みたいなのを連《つ》れていけるか
どーして!? なんで?
なんだ
だから妖《あやかし》がいるかもしれないだろう
怖くないもん!!
そういう問題じゃないっ!!
なんだ
どうした

足手《あして》まといだと言ってるんだ!!!
真朱《しんしゅ》はっ
聞きわけのない奴だなっっ…!!!
足手まといじゃないもん!!!
おお
おお
おおも？
おいおい色男 止《と》めねぇでいいのかい？
伊達男《だて》は辛《つら》いねぇ
ヒッヒッヒッヒッ
どーん
これ佐吉《さきち》！お客様に、なんて口のきき方ですか
へぇすいやせん お嬢さん このままじゃ表にまで聞こえちまいますぜ
ビシッ

そうね では
ここらで
そろそろ止《や》めて
いただきましょう
お二人は大事な用が
できたそうなので
お出かけになるそうよ
お見送りして
えっ
やだっ
私もっ‼
お聞き分け下《くだ》さいな
お姫様？ 本当はご自分でも
わかっているのでしょう？
自分はここに残って
鴇《とき》さんと朽葉《くちは》さんが
二人で行動した方が
いいってことくらい
ね？
お二人もなるべく
お早めに戻って下《くだ》さいね
お二人がいなくても
兄《にい》様に怒られてしまい
そうですし
あ
はい
あの、でも
本当に
いいんですか
――その…
紅《べに》です
おまかせ
下《くだ》さいませ

…ごめんね
真朱《しんしゅ》ちゃん
すぐ戻るから
少しだけ待っててくれるかな?
ぷいっ
いいんですよ
気にしないで
貴方《あなた》がとても
甘《あま》やかしてくれるから
無意識に
銀朱《ぎんしゅ》様と重ねて
わがままになって
いらっしゃるんですよ
紅《べに》さん…

ささ!!
そうと決めたらすぐ行動!!
へっ!
えっ
あ
佐吉《さきち》――お客様出ますよ――
へーい
行ってらっしゃいやし――
いてててて
ひどいなー
…けど本当によかったのか鴇《とき》? 側《そば》についてなくて
――うん
もしかしたら俺がついてるより
かえって安全なんじゃないかな

彼女…紅《べに》さんって黒鳶《くろとび》さんと同じ筋《すじ》の人なのかもしれないよ
手が朽葉《くちは》と似てた
──私の手？
そう
よっ
いくら働き者の看板娘《かんばんむすめ》でもいいとこのお嬢様は
こんなにしっかりした手はしてないと思うよ
なるほど
刀をにぎるので豆ができたりして固い
……
納得はしたが
なんかいやらしい
えっ
なんで?!
なんとなく

…という
わけで…
俺は露草《つゆくさ》を
中村屋《なかむらや》まで
案内することに
なって…
ぶーん？
その途中で…
化物《ばけもの》に遇《あ》って…
あのぉ
――…
すっごく
話しにくいん
ですけど…
やめろ煤竹《すすだけ》
このアホ
お前と露草《つゆくさ》の
関係については
まあ分《わ》かった

やれやれ
やはりあの狐《きつね》と行動を共にしているようであるな
だったらその狐《きつね》見つけてぶんなぐってやりゃ解決じゃねぇか
ちぇ
つまんねーつまんねー
空五倍子《うつぶし》匂《にお》いか気配で追えるか？
無理だな
直接会ったことがないので判別がつかん
なら人の血の匂《にお》いで追えないか？
だらだらだらだらだら
この隣の男の方が血生臭《ちなまぐさ》くて分《わ》からんな
あァ!? 俺が臭《くさ》いってか!?
——なあ梵《ぼん》？ 露草《つゆくさ》を見つけて
手を貸すのか？ 連《つ》れ帰るのか？
何もかも、お前は自分一人で決めて私らにも言わん
もし その狐《きつね》の手助けをあやつがしていたらどうするのだ？
水臭《みずくさ》いと思わんのか

なぁ
な
それじゃあいつのとこに行くのか!?
だったら俺、手がかりになるかわかんねぇけど話すから協力させてくれ
ザッ
話す必要はない
ぐぇ
ドーー
ズッ
ぎゃっ!!

すっ
これを見た方が
早い
キィィィィィィィィィィィィチチ
!?
ギャアアアアー
いい!!
いつもながら見事であるな
うげー…こえーよ

ガヤ
ガヤ
ガヤ
ガヤ
ガヤ
ガヤ
ザワ
お邪魔します
こちらに沙門《しゃもん》さんはいらっしゃいますか?
あれ?
えと
ども
ひそ
ひそ
ひそ
ひそ

ひそ
あの…
ひそ ひそ
ひそ ひそ
中村屋
すいませ
御用《ごよう》でしたら私がお伺《うかが》いしますよ
あ、あの――…今日こちらに沙門《しゃもん》さんが呼ばれたって聞いて来たんですが…
その…
番頭《ばんとう》の叉次《またじ》と申します
どうぞ奥へ

—困りますよ 店の表で あのような…
変な噂《うわさ》が 立ちはじめているようで こちらも困ってるんです
はぁ すいません…
それに… 本当にご住職《じゅうしょく》の お知り合いで?
ちらちら
あははは
はあ いちおう…
わー
俺達《たち》すごい 怪《あや》しまれてるな——
まあ普通は そうだろう
萬屋がおかしいんだ
ふん
いや、すいません 他意《たい》はないのですが ええ 何やら… 変わったご趣味の ようで少々…
——いいえ 慣れてますので お気にせず

ザザザザザザザザザ
ザザザザザザザザザ
な、なんだこれっ
今の平八《へいはち》さんと——…妖《あやかし》!?
まさかっ…!!
また梵天《あいつ》がっ…!?
どうした 鴇《とき》?

その辺にしておけ
それ以上やれば穢《けが》れがつくぞ
第二十夜 木《こ》の暗茂《くれしげ》
人の血や恨《うら》みは理性を失《うしな》わせる
主《あるじ》に会う前にそうなっていいのか
この身崩《くず》れは止《と》まりませぬ
夜行《やこう》殿が下《くだ》された力とは即《すなわ》ち穢《けが》れ
穢《けが》れは妖《あやかし》に大きな力を与《あた》えもする

バカやろうがっ…
!
呪符《じゅふ》だ
力だけは一応ある奴が書いたもんだから形を保《たも》つくらいの役には立つ
使え
うっ
――…どこも大《だい》したことないな
このくらいなら俺でも治《なお》せる

……
人間にしちゃ
面白い奴だったが
もう二度と
会うこともねぇだろう
じゃあな
平八《へいはち》
ま
まってくれ
俺はまだ
お前らに
言わなきゃなんねぇことが——

第二十夜 木《こ》の暗茂《くれしげ》

あんの単細胞《たんさいぼう》!!
俺が書いてやった符《ふ》を破《やぶ》って、他《ほか》にやっただと!?
やはりか…
後先考えぬ奴め
?
あ、あのやっぱあれってまずいことだったんかい
あ戻った
ぱたぱた
さてね 奴がそのうち消失《しょうしつ》する程度のことだよ
そ!? それって!! まずいんじゃねえか!!
うるさい 黙れ
殴るぞ
空五倍子《うつぶし》!! 煤竹《すすだけ》!!! あの馬鹿《ばか》は日本橋《にほんばし》だ!!
腹立たしいが急ぐぞ!

日本橋《にほんばし》辺《あた》りの地理が分かる物はないかい
ん
おお じゃあ地図やるよ
しっかしあのガキそんな所にいたのか
遠いな——
空五倍子《うつぶし》
急ぎ日本橋《にほんばし》まで飛んでくれ
うっ
うむ…
それはいいが…何人運《はこ》ぶのだ?
俺も俺も俺も俺も
……
……
ぎゅう
分《わ》かった分《わ》かった何人でも運《はこ》んでやる
お前
六合鴇時《りくごうときどき》という人間を知っているな
!!
あんた鴇《とき》を知ってるのか!?

!
やはりな
彼が関係してることなら
俺とて気を引き締《し》めて
いかないと危ないな
では
露草《つゆくさ》も…
──まあ
邪険《じゃけん》には
しないだろう
俺がいくまで
子守りを頼むよ
あの左目なら
俺と同じモノが
見えていただろう
からな
六合《りくごう》

はっはっはっ
おい、そこの中村屋《なかむらや》っつうのはここであってるな？
露草だ よろしくしなくていいぞ
――露草《つゆくさ》？

朽葉《くちは》!!

ち
お前、祓《はら》い屋《や》か!?
貴様《きさま》のような妖《あやかし》がこの店になんの用だ!!
返答次第では次は本当に斬《き》るぞ!
………
ん?
犬臭《くさ》い
なんだお前
混じり者か

人に飼《か》い慣らされれば
狼《おおかみ》もただの狗《いぬ》か
これほど格《かく》の違いを
嗅《か》ぎ分《わ》けられなく
なるとはな
……うあ
あっ
祓《はら》い屋《や》に
飼《か》われたか
恥《はじ》を知れ
スッ
う

みしぃぃ…
ザザザザザ
う
ううう

くっ
妖《あやかし》ごときにっ……
ったく
じゃれつくんじゃねえよ
鬱陶《うっとう》しい
やめろ
露草《つゆくさ》!!
……
お前

何故《なぜ》 俺の名を知っている?
——さあね
俺も知らないけど あんたが妖《あやかし》なら
理由は梵天《ぼんてん》に聞く方が早いと思うよ
——!!
お前っ
白沢《はくたく》かっ!!
鴇《とき》!! 朽葉《くちは》!!
逃げなさい!!!

ぐあ
屋敷に入れ!!
早く!!
沙門《しゃもん》さん ってうわっ
あ
え
お前も入れ!!
ひっ!?

このっ…!!
くそ坊主《ぼうず》!!!
しゅう
しゅう
しゅう
うわっちゃ――
秘蔵《ひぞう》の数珠《じゅず》ひとつ使っても駄目か
かかって来なさい!!
フンッ
じゃっ
――
坊主《ぼうず》
さっきの奴に言っとけ
今のうちに逃げねぇならお前も特別扱いはしねえってな
?
死にたくなけりゃ恨《うら》みに飲まれる前にお前らも去《さ》れ!!
フッ
――…鴇時《ときどき》のことか?

あ
あんた達《たち》何やってんだい さっきの奴はなんだ!?
朽葉《くちは》?
こんな所で斬《き》り合いなんて冗談じゃないよ
ゔ ゔゔゔゔ ゔ
!!
ぐいっ
今の騒《さわ》ぎが表にまで聞かれてたらどうしてくれるんだい
困ると言っただろう
ああもう上げるんじゃなかったよ!!

少し黙っててくれませんか
なっ
さっきのは妖《あやかし》です彼女は追い払ってくれたんですよ
……
は？
何を言ってるんだただのガキだったじゃないか
あんたらもしかして坊主《ぼうず》と四人でグルなんじゃないかい
それで妖《あやかし》がなんだと言って、たかろうって魂胆《こんたん》なんだろう
な
ちょっと何勝手なこと言ってっ…
ああ焦《あせ》っていたからってあんな坊主《ぼうず》に頼るんじゃなかった
大事な商談《しょうだん》があったっていうのに…
妙な噂のせいで役人でも来たら
役人に見られちゃ困るもんでも？

ガラ
あれは本当に妖《あやかし》ですよ
!?
それもかなり強力な妖《あやかし》です
二人とも大丈夫か…?
は?
だから人間にしか見えなかったじゃないか
だから強力だと言っているんです
妖《あやかし》っていうのは元来朧《おぼろ》な存在ですから
より人に近くより実体に
妖《あやかし》を見れぬ人間にすら見えるモノこそが一番強い妖《あやかし》なんですよ
あんなモノの恨《うら》みを買うなんてまぁ…あんたらこそ一体何やってんです
しっ
知りませんよそんな!!
蔵《くら》の奥の大きな丸太あれはどうしました?
!

あ
あれは内藤新宿《ないとうしんじゅく》の材木屋《ざいもくや》から仕入れて
裏の長屋《ながや》の職人に回すもんですよ
では
これに見覚えは？
ぬっ
!?
丸太に大穴開けて木片《もくへん》で蓋《ふた》して
本当に仕入れたかったのはこの粉じゃないのか
煙草《たばこ》と混ぜるかそのまま売るかは分《わ》からんが
こりゃ御禁制《ごきんせい》のやばい薬じゃねぇのか
阿片《あへん》!?

う
うあ
だっ
妖《あやかし》の恨《うら》みはどこで
買ったか知らんが
人の恨《うら》みだけは
たっぷり買って
そうですな
だっ
誰か!!!
誰かー!!!
盗人《ぬすっと》だぞ!!!
捕《とら》えろ———!!!
!?
ダダダダダ
ダダダダダ
ゼラ
どうしました
番頭《ばんとう》さん
この野郎《やろう》
ふてぇ奴らだ
ひっとらえろ!!
ドタドタドタ
おわわわわわ
予定外の展開———!!
斬《き》りますか!?
だめだよ
朽葉《くちは》———!!
おい
こっちだ!!
蔵《くら》にでも
閉じこめておけ
皆《みな》
出てこい!!

あいて
しばらくそこに入ってもらうよ
…あんたが主人《しゅじん》に怪我《けが》させたのかい
冗談じゃない!!
私は商《あきな》いはすれど人様に手を出したことはございませんよ!
まぁ、他《ほか》の目撃者もいるわけだしあいつがやったわけじゃねぇだろうな
う――む
沙門《しゃもん》様これは一体?
この家の妖《あやかし》退治に来てたんじゃないんですか?

俺はここの主人《しゅじん》とは懇意《こんい》にしてたんだが
最近店の様子が妙だわ、客の柄《ガラ》は悪くなる一方だわで心配していた矢先に
そいつが火の気のない蔵《くら》で大火傷《おおやけど》を負《お》ったと聞いてな
奇《き》っ怪《かい》な事件だから俺が呼ばれたんだが確かに母屋《おもや》には雑妖《ざつよう》が多い
だがこの蔵《くら》には一匹もいない
火が出た理由が分《わ》からなくて探《さぐ》っていた時に
あれ・あれを見つけた
…あれが丸太?
やけに焼けこげていませんか
うむ
だからあれが原因かと調べたら妖《あやかし》以外のもんを見つけてな

では蔵《くら》の中の方がむしろ安全だと？
うむ
ただ、お前達《たち》今は口と鼻に布《ぬの》を当てておけ
蔵《くら》の中はあの粉《こな》の袋が破《やぶ》れて充満《じゅうまん》した跡《あと》がある
扉が閉められちまった今下手《へた》に吸い込みかねん
早めに出る方法を見つけないとな
それと鴇《とき》正直に言え
さっきの奴は何者だ知り合いなんだろう
いえ
そういうわけじゃ…ただ多分
知ってる奴の関係者なのかもしれないってだけで…
この左目がもし梵天《ぼんてん》の奴の仕業《しわざ》なら
気のいい知人《ちじん》が本当に巻き込まれているかもしれない

妖《あやかし》の関係者と知り合いなのか？
それも妙な話だが、まあいい
なんとか奴を止《と》められないのか？
あの様子じゃ番頭《ばんとう》の奴
明日にでも伝手《つて》のある役人を呼ぶつもりだろう
それまでここから出すつもりはないんだろうが
それじゃまずい
あの妖《あやかし》はすぐに戻ってくる
もしその時、奴が本気で人に手を出そうとするなら
守りようがない
誰かが
殺されるかもしれん

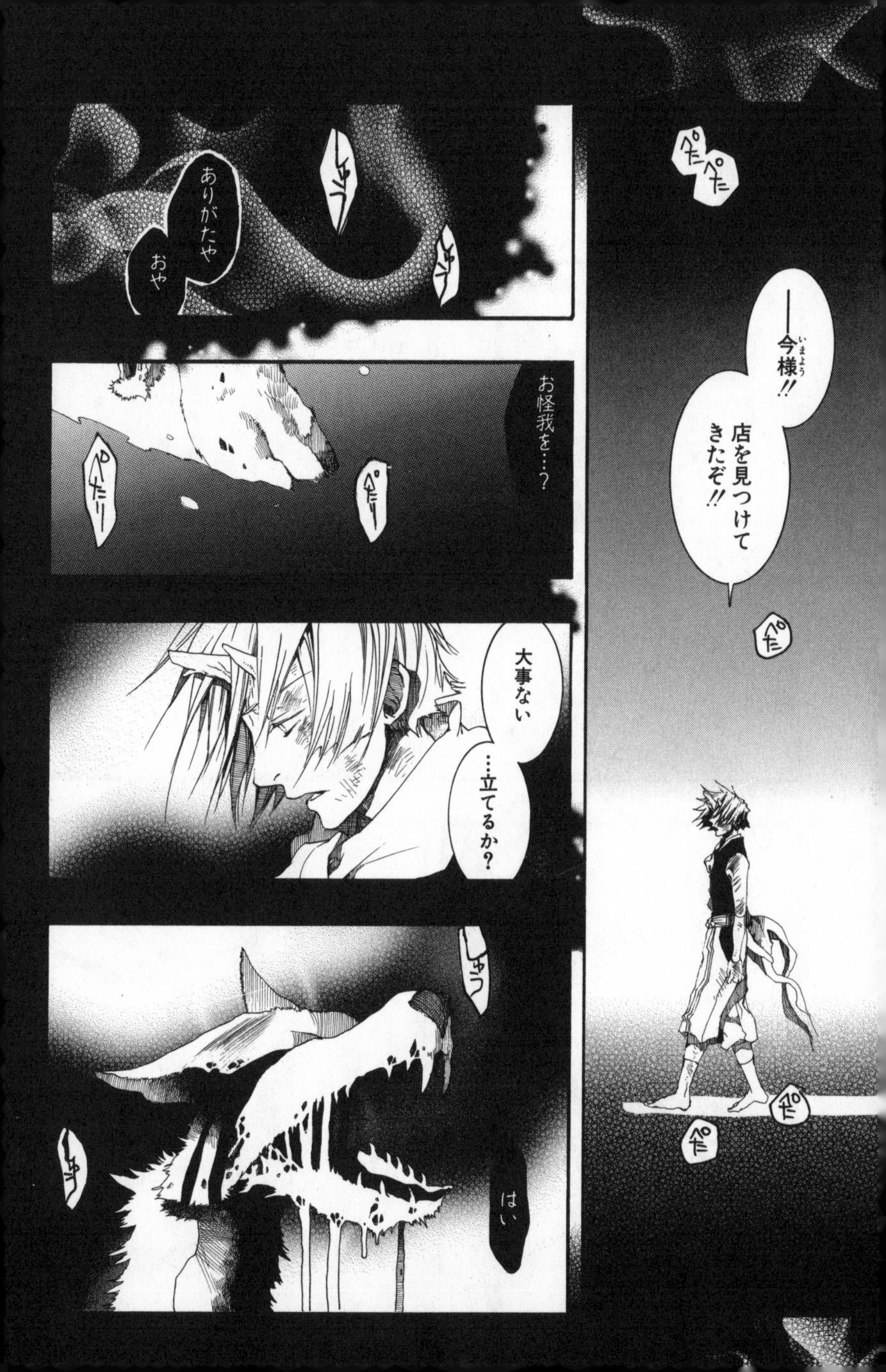

ぺたぺた
——今様《いまよう》!!
店を見つけてきたぞ!!
ぺた
ぺた
ぺた
しゅう
しゅう
ありがたや
おや
お怪我を…?
ぺたり
ぺたり
大事ない
…立てるか?
しゅう
はい
しゅう

くそ やっぱり半分じゃ
梵《ぼん》の書《しょ》でも無理か…
いいえ
大丈夫
主殿《あるじどの》を取り戻すまでは
消えませぬ
露草《つゆくさ》
お前は私の宿《やど》り木
いわば親だね
いにしへの
妖《あやかし》の契《ちぎ》りは絶対
しづのをだまき
繰《く》りかへし
お前を残して
消えはしないよ
――本当に
バカだなぁ
お前らは…

さぁ 行くぞ
今様《いまよう》
パタ
パタ
パタ
パタ
パタ
これで悪夢は終わる
昔を今になすよしもがな
パタン
最後の夜だ

第二十一夜 児手柏《このてがしわ》の両面《ふたおもて》

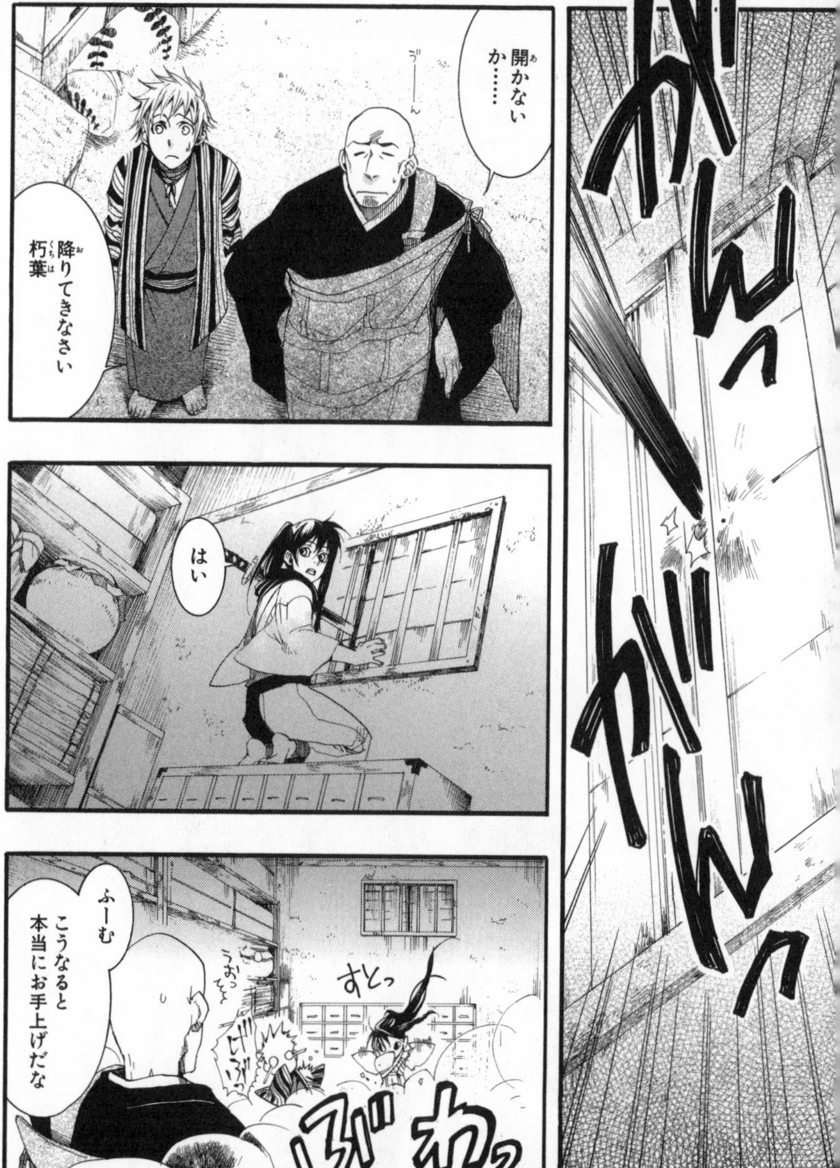
がんっ
がんっ
開《あ》かないか……
う～～ん
降《お》りてきなさい
朽葉《くちは》
はい
ふーむ
こうなると
本当にお手上げだな
すとっ
うおっとと
ぼわっ

まぁ今が
春先でよかったな
ただでさえ粉《こな》っぽいせいで
咽《のど》が渇《かわ》くというのに
夏だったら
命に関わるぞ
たしかに…
いや 今の轟音《ごうおん》は
あきらかに朽葉《くちは》の
音だったでしょ
※
はっはっは
そうさな
腹も減ったな
……

…食《く》わんのか?
……
…食《く》わんなら
俺が食《く》うぞ
!
ぽっ
がつがつ
……
はぐ はぐ はぐ
——ふん

育ったなぁ――
横にですか!!?
…うーん まぁ それもあるけど
えっ
あはは うふふ
うえうえ
子供の頃と比《くら》べてって話だ

あ
そうか
ん?
あ
いや
沙門《しゃもん》さんを見てて知り合いを思い出して
ふうん?
なるほど
誰か聞いてもいいか?
最近よく思い出すはずだ
保護者っていうか
——…兄貴《あにき》分かなァ
いいことも悪いことも教えてくれた人です
たぶん 人から見ればろくでなしだったろうけど
沙門《しゃもん》さんに少し似てました
どれだけ悪態《あくたい》をつこうとも
主殿《あるじどの》
主殿《あるじどの》
帰るべき
家族です

……
それを奪《うば》われれば
そりゃあ怒《おこ》りますよね
妖《あやかし》だって
!
さっきの妖《あやかし》のことか?
…どういう意味だ?
のあっ声に出してたっ?!
あ
いえ そうじゃなくって…!
さっき左目で「見えた」なんて言って
狐《きつね》の妖《あやかし》とか平八《へいはち》さんとかのこと説明しても意味不明だろうしなぁ

な
なんでもないです
説明が面倒《めんどう》になってあきらめたな
ヅっ!!
スルドイ!
なんだかわからんが妖《あやかし》にもそれだけ情緒《じょうちょ》があるなら仇討《あだう》ちもあり得《う》る話だな
女狐《めぎつね》なんかは特に情感細《じょうかんこま》やかだと言われているし…
仇《かたき》が仇《かたき》を呼び
恨《うら》みが恨《うら》みを呼ぶ
因果《いんが》な流れは人も妖《あやかし》も区別しないのだろうな
――…ならば妖《あやかし》を全《すべ》て断《た》ち切るまでです
何が原因なのかなど関係はない
退《しりぞ》くならよし沙門《しゃもん》様の前に立つならば敵
人なら峰《みね》で妖《あやかし》なら刃《やいば》で排除《はいじょ》する

それが
妖祓い《わたしたち》という
ものです
――…
朽葉《くちは》？
仇《かたき》を討て
人を喰《く》え
ああ恋しや
彼《か》の人の
無念《むねん》想《おも》えば
また悲し

しゃらん
集《つど》え同胞《はらから》
依木《よりき》持ちたる
仇《あだ》ある者へ群《むら》がり群《むら》がり
蜿蜿《えんえん》とのたくりて
役目を果《はた》せ
しゃん
み山隠れの
朽木《くちき》の杣《そま》に
宿《やど》り狐《こ》残し
!!
まずい
もう戻って
来たのか!!
!?
妖《あやかし》ですか?
しかもお仲間を
引き連《つ》れて来たな

奇《くすし》き霊木《れいぼく》
邂逅《わくらば》に
しゃらん
ヤアーレ
里に下《くだ》りて
神となる
サア
天座《あまざ》から狗《いぬ》が来た
兎《うさぎ》共を噛《か》み殺し
奇《くすし》き霊木《れいぼく》 神となす
しゃらん
しゃらん
?

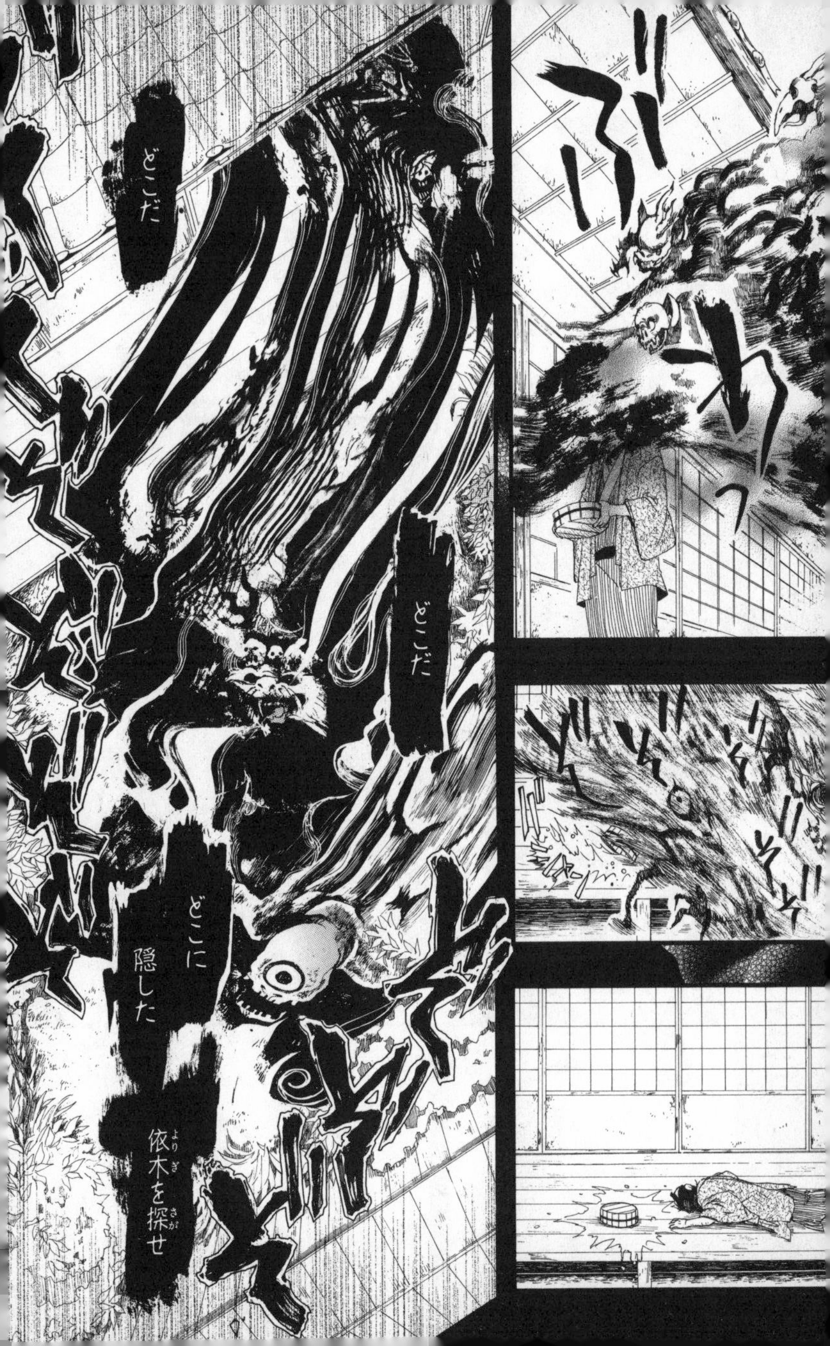
どこだ
どこだ
どこに
隠した
依木《よりぎ》を探《さが》せ

おい！水が遅いぞ！
まだか！
ガラ
!?
なんだ!?どうした！
おい!?
しっかりしろ!!
！
どこに隠した兎《うさぎ》共
天座《あまざ》の御前《ごぜん》に奉《たてまつ》れ

な
なんだ!? 貴様《きさま》ら…!
なんのことだっ…!!
へたり
がく
がく
御狐《おきつね》の宿《やど》り木殿《どの》じゃあ
どこに隠したぁ
宿《やど》り木…? 木…?
きっ木ならっ… 仕入れた物は 全部…っ
そっそこの
くっ蔵《くら》にっ…
ガ
がく
しまって
ぐぷっ
あそこだ!
あそこじゃ
見つけたもんにゃ 褒美《ほうび》が出るぞ
急げ
急げ

!!
来ます!
ぴくっ
うおっ!?
うわっ
ゴホッ
ゴホッ
ゴホッ
扉を…
突き破《やぶ》ろうと
してるのか!

扉から入って来れないと いうことは…っ 半実体化してるんだな
ごほっ
外にいる店の人間も危ないぞ!!
う
しかし
ゴホッ
ゲホッ
前が見えっ
均一《きんいつ》な微粒子《びりゅうし》
木炭《もくたん》での除湿《じょしつ》による乾燥《かんそう》
俺はここの主人とは懇意にしてたんだが
最近店主の様子が妙だわ、客の柄は悪くなる一方だわで心配していた矢先に
そいつが火の気のない蔵で大火傷を負ったと聞いてな
酸素《さんそ》
火が出た理由が分からなくて探っていた時に
あれを見つけた

まさか——!!
二人とも伏《ふ》せて!!

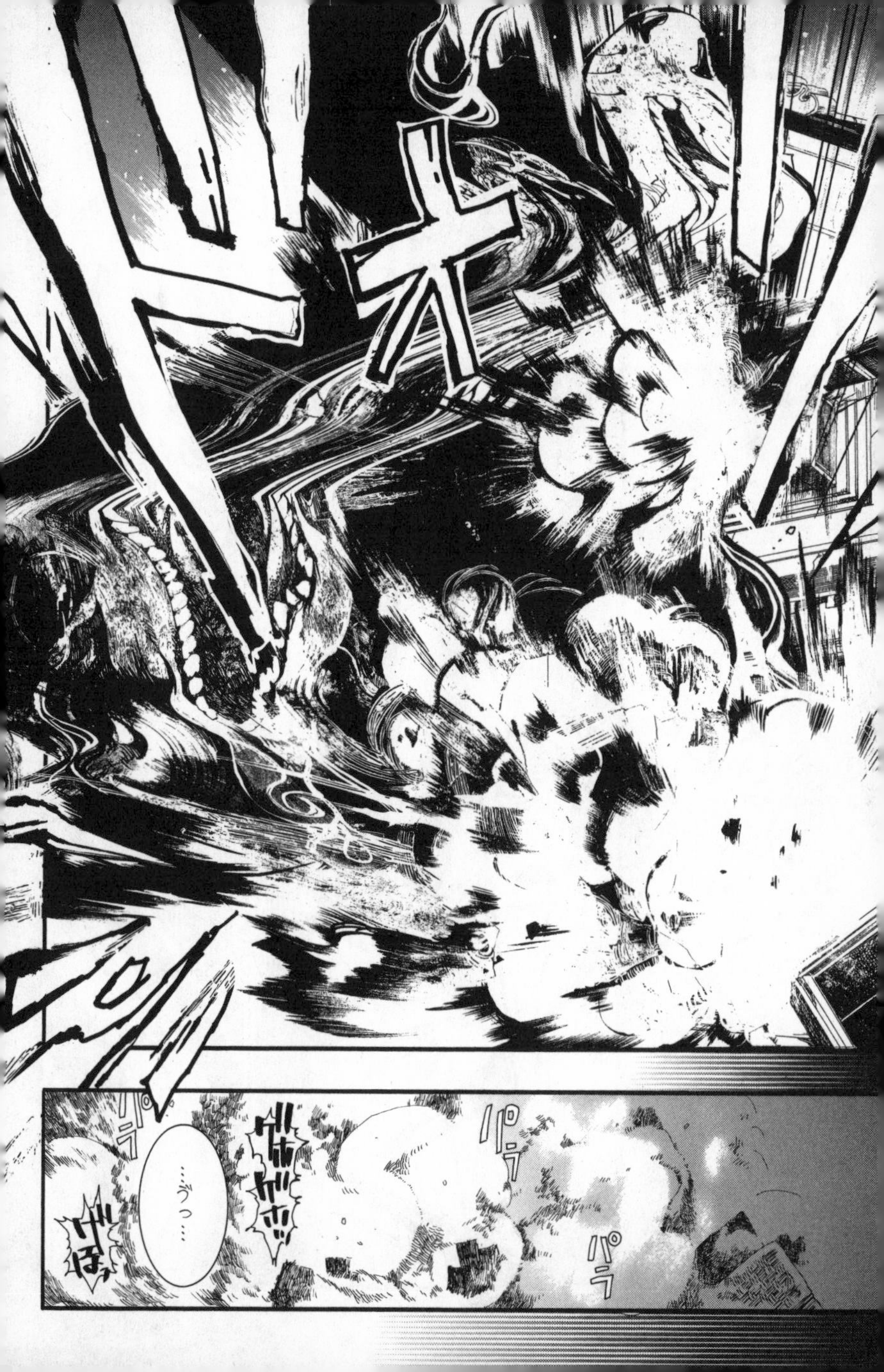
パラ
パラ
ケホケホッ
…うっ…
パラ
げほっ

ごほっ
おい…っ
お前達《たち》
大丈夫かっ…
げほっ
げほっ
耳が…
なんだ今のはっ
あれ？
すごい音
だったのに
特に
なんともな…
い!?
ぴくっ
ずーん
怪我《けが》は
ないかえ
は
はい!?
どっ…
どちら様で…

ガラララ
あーーあせったーー
間一髪《かんいっぱつ》で
間に合いましたかね
ギシッ
皆《みな》さん ちゃんと
ご無事で?
ああ
よかった 全員
元気そうですね
安心して下《くだ》せぇ
その鼠《ねずみ》は
私のなんで
黒鳶《くろとび》さん!!
ぎょっ
鶴梅《つるうめ》さんと
出かけて
たんじゃ…?
よっ
行って来やしたよーー?
あの人便利なもの
持ってらっしゃるから
早い早い
なんだあの服?
変装?
戻ってみれば
あなた方はいないし
かけつけてみりゃ
妖《あやかし》大行進だし
もう驚《おどろ》いた
なんのって
この鼠《ねずみ》は
なんなんだ?
すとんっ

子飼《こが》いの妖《あやかし》ですよ
火鼠《かそ》って種《しゅ》です
合図《あいず》ひとつで駆けつけてくれる可愛《かわい》い奴です
知りません？ 竹取物語《たけとりものがたり》
姫がこれの皮を阿倍右大臣《あべのうだいじん》にねだったってやつ
こいつの皮はねずば抜けて頑丈《がんじょう》なんです
ええと
じゃあ…ありがとうございました……？
ふふ どういたしまして
ま 実際は私の力じゃありやせん
私はただ妖《あやかし》を使えるってだけなんでねぇ
――！
うぁあああ!!!

ちっ
音で人が集まってきちまいやしたかね
ぐ…ぐぐ
おのれ…火とは
しゅう
しゅう
しゅう
あぐぐぐ
な なんだ あいつは…
おやぁ？
今の爆発《ばくはつ》…あいつらの仕業《しわざ》じゃあないのか…？
弱ってるし…？
違います
あれはたぶん粉塵爆発《ふんじんばくはつ》っていうやつです
小麦粉やホットケーキミックスでも起きる自然現象っていうか…
だからあの妖《あやかし》は関係ないんです
仏器《ほとけき》？
へぇ？そうなんで？よくご存じで

先月都心で これが原因の 大事故があったから よくニュースで特集されて
キャスターがくり返し 報道し続けていた 「テレビの中の」大事件
まさか実体験する 羽目《はめ》に陥《おちい》るとは 思わなかったけど…
「あまつき《ここ》」に来てから そんな「羽目《はめ》に陥《おちい》る」 ことばかりだ
へぇ…？
ここらの渡津《としん》で そんなことありましたっけ？
おのれぇ
人間め
！
ばっ

何をしてる!!
下《さ》がれ!!
おやおや頼もしい剣士様だ
うわっ
けど
はっ
その前に少しこいつらに訊《き》きたいことがあるんで
待って下《くだ》さいな
ぴたっ
てめえら内藤新宿《ないとうしんじゅく》でも同じことしたな?
玄吉《げんきち》って大工をこんな風に多勢《たぜい》で押しかけて殺したろう
まだ臭《にお》ってたぜぇ? お前らのこの獣臭《けものくさ》い妖気《ようき》がよぉ
名など知らぬ
知りもせぬ
ただ殺すのは
主《あるじ》の仇《かたき》

我が主《あるじ》の身を削《けず》り
枝をもぎ
身の内に
毒《どく》を詰《つ》め
神木《しんぼく》と崇《あが》めて
おきながら
最期《さいご》には無惨《むざん》にも
切り倒した
その罪
万死《ばんし》に値《あたい》する!!
こいつの主《あるじ》が
神木《しんぼく》——…?
じゃあの丸太
神木《しんぼく》だったのか!?
なのに玄吉《殺された人》はそこに
麻薬《まやく》を隠してて
丸太を買い取った中村屋《ここ》の番頭《ばんとう》は
その麻薬《まやく》を主人の目を盗《ぬす》んで
売っていた——?
なんでそんなことを——!
番頭《ばんとう》の又次《またじ》
と申します
どうぞ奥へ

……ああ そうかい
ようく わかったよ
あの 殺すことはないんじゃないですか?
だって!! そいつが本当に悪いわけじゃなくて むしろそいつは
悪いことしてた人に大切なものを傷付けられたから…!
待って下《くだ》さい!!
——…おやおや こりゃ六合《りくごう》さんはお優《やさ》しい
こいつらに同情なさるわけで? そんじゃひとつこんな話はどうです

こいつらに殺された玄吉《げんきち》って男にゃ
恋女房の忘れ形見《がたみ》で可愛《かわい》い一人娘がいたんでさァ
よくある話で
母に似て病弱《びょうじゃく》な娘が大病《たいびょう》を患《わずら》っちまった
今すぐ大金を作るため 父は麻薬《まやく》を運ぶ仕事を引き受けちまった
私らにはよくある話でも
男には紛《まぎ》れもない現実
さぁて困った同じ罪人《ざいにん》同じ罪妖《ざいよう》
これじゃあどっちも可哀相《かわいそう》だ
……同情誘う余地《よち》なんざ探《さが》しゃどこにでも転がってんですよ
そんな理由で納得して刀を収《おさ》められんなら天下太平《てんかたいへい》楽《らく》なもんです

同感だ
ドッ
——っ!!
ははっ! こりゃえらい 大物のご登場だ 天座《あまざ》だな?
べらべらよく しゃべる奴が いると思えば…
またお前か
!

はっ
ぷっ!!
ゴオオオオ
ふん!!
相変わらず
姑息《こそく》な術を
使う!
じゃらんっ

ちっ
きりがないっ
どれだけいるんだ
……
己《おの》が牙爪《きばづめ》を使えばもっと戦いやすかろうに
我らが生まれ持つ何よりの武器何故《なにゆえ》使わぬ
犬神《いぬがみ》よ
なるほど
主《あるじ》が欲しがるはずだ
犬神《いぬがみ》とは実に珍《めずら》しい、

もう一度同じ名で呼んでみろ
次は貴様《きさま》を叩《たた》き斬《き》るぞ
朽葉《くちは》!!
ハッ
どたどた
もう援護《えんご》はいいぞ!
沙門様《しゃもんさま》…
とりあえずだが妖《あやかし》にやられてた人達《たち》は祓《はら》ってきた
これで死ぬことぁないだろう
やれやれ
——ん?
おい 鴇《とき》はどうした
あ
そういえば…

ぐぬう
ズザザザ
っ!!
黒《くろ》よ
あれは儂《わし》では分《ぶ》が悪い
樹妖《じゅよう》は元々獣妖《じゅうよう》よりも霊格《れいかく》が高い
本来攻撃性のない妖《あやかし》だが…
一度牙《きば》を持つと
こうも手強《てごわ》いとは…
じゃりん
ちぃ…紅《べに》ちゃんがいりゃなぁ
やっぱり俺ぁこういう直接的なのは苦手だわ
鴇《とき》!!
バカッ
何している!!
戻れっ

ずるるるるる る る る
ハァ
ハァ
ハッ ハッ
おっ お前ら
これが目当てだろ
おおお
オオオ
あれか あれが依木《よりぎ》か!?

見つけた
見つけたぞ
ドッ
ああ
主殿《あるじどの》…!!
やっとこの手に…!!
オオォォオオ
もういいだろっ
それで帰ってくれっ!!
ゴホッ
息がっ
ふざけるな!!!
主殿《あるじどの》の仇討《かたきう》つまで
退《しりぞ》くわけにはいかんわ!!

悲しい
死にたくない
悲しい
失《な》くしたくない
難《むず》しいことはわからない
考えたこともなかったから
！
でも仕方ない
じゃないか
これだけは
わかるんだから
俺だって
一人になるのは嫌《いや》なんだ
ーーっ
おい
今様《いまよう》！
ちょっと
待…

おい!! そこの坊主《ぼうず》!
当たったらすまねえな!!
——え

第二十二夜　たまさか、わくばらに

第二十三夜
たまさか、わくばらに

何を易易《やすやす》とつかまってるんだい死ぬ気？
梵天《ぼんてん》…
なんでお前が…
おお
オを
お
天座《あまざ》の君なぜじゃ
なぜに我《われ》らでなく奴らに味方する
なぜじゃ
天座《あまざ》は妖《われ》の救い主ではないのか
なぜじゃ
なぜじゃ
──ふんそれはお前達《たち》が勝手に言っていることだろう？
勘違してるようだけど夜行《やこう》は俺にとっても障害物《しょうがいぶつ》だ

夜行《やこう》も姫も 等《ひと》しく邪魔でね
俺は調和を持って よしとする それを乱《みだ》す輩《やから》が敵なだけ
お前達《たち》は 夜行《やこう》の手の上で 少々はしゃぎすぎた
それはお前達《たち》には ただの人の子だが
俺には案外 役に立つ
それ!?
手出しするなら 許さない
そんな理由でわざわざ こんな所まで出向くたぁ 随分《ずいぶん》走《はし》り使《づか》いの役が 板についたもんだなぁ？
じゃらん
それはお前には ただの屑妖怪《くずようかい》だが 俺とは案外縁《えん》がある
手出しするなら 許さねぇぞ

露草《つゆくさ》
この馬鹿《ばか》め
なんだい その無様《ぶざま》な姿は？
狐《きつね》と一緒に心中《しんじゅう》でもする気かい
うるせえ
そんなにそのガキが大事ならさっさと連《つ》れて消えやがれ
まだ邪魔するっていうなら…
お前も同罪だ!!
バサッ
ぐっ…
がらんっ

この愚《おろ》か者め
梵《ぼん》に手を上げるとは!
ばた
くそっ
はなせっ
この馬鹿《ばか》も夜行《やこう》の穢《けが》れに浮《う》かされているんだよ 空五倍子《うつぶし》
全《まった》く見苦しいな
俺は難《むずか》しいことは何も求めない
媚《こび》も追従《ついじゅう》もいらない 不文律《ふぶんりつ》はたった一つだ
意見は許すが
反抗を許した覚《おぼ》えはない
天座《あまざ》は我《われ》らを見捨てた!!
いや あれは天座《あまざ》の偽者《にせ》じゃ
喰《く》ろうてやれ
あのような者 人と共に喰《く》ろうてやれ!

おおをぉ
お
喰《く》らえ
お
喰《く》らえ
おお
お
夜行《やこう》の鈴《すず》の
音《ね》に合《あ》わせ
臓腑《ぞうふ》をえぐれ
血をすすれ
オ
オ
オオオオオ
ひっ
とっ…
溶《と》け合ってる…!?
グリッ
何暢気《のんき》に
見てんです!!
うぐ

うわっ
ドギャッ
大事《だいじ》ないですか！六合《りくごう》さん！
うわわわわわ篠《しの》ノ女《のめ》のひもが〜〜〜
いやんなもんより自分の体が同じようになってねぇか確認して下《くだ》さいな…
だ
大丈夫ですすいません
いえ
それよりあれをなんとかしねぇと…
妖《あやかし》共め暴走《ぼうそう》しやがって天座《あまざ》の連中《れんちゅう》が仲間割れしてるのが救いですかね

おい！お前らよくも置いてきやがったな――!!
平八《へいはち》さん!?
ぐぐぐ
ぜぇー
うぬぬぬぬ ふんぬっ
はぁ はぁ
…コラ 空五倍子《うつぶし》
言う通りに外に放《ほう》ってきたわ!!
こやつが自力で塀《へい》を這《は》い上がってきても私の咎《とが》ではない!!
ぜー ぜー ぜ ぜ
ポリ
くそっ どこの門扉《もんぴ》も閉《し》まってんだもんよ…
当たり前だけど…
平八《へいはち》…!? お前なんでこんな所に…
何やら伝えたいことがあるんだとさ
修羅場《しゅらば》覚悟でここまで来たんだ聞くだけ聞いてやれ

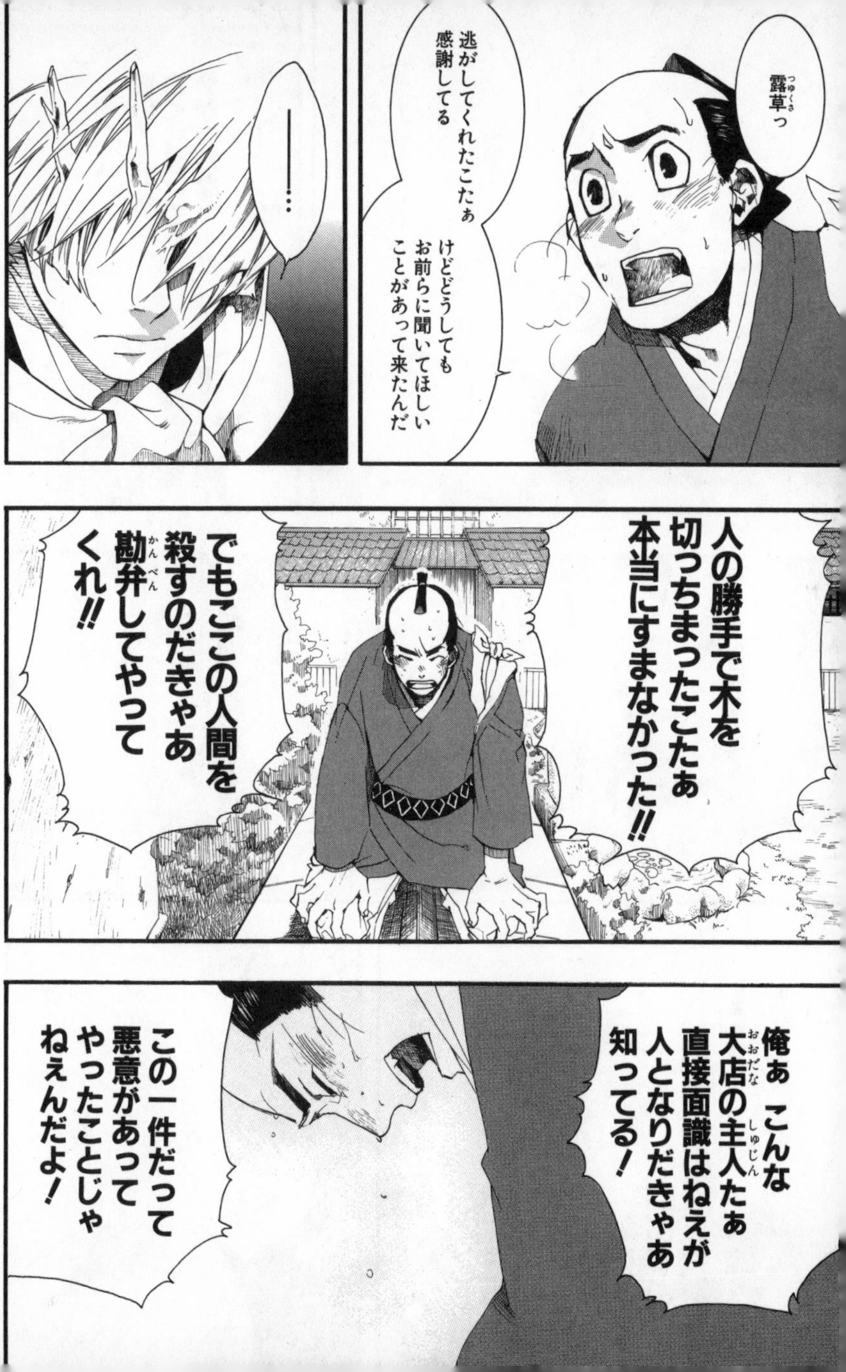
露草《つゆくさ》っ
逃がしてくれたこたぁ感謝してる
けどどうしてもお前らに聞いてほしいことがあって来たんだ
――……
人の勝手で木を切っちまったこたぁ本当にすまなかった!!
でもここの人間を殺すのだきゃあ勘弁《かんべん》してやってくれ!!
俺ぁ こんな大店《おおだな》の主人《しゅじん》たぁ直接面識はねえが人となりだきゃあ知ってる!
この一件だって悪意があってやったことじゃねぇんだよ!

上からの布達《ふたつ》で廃村が再開拓《さいかいたく》される中であの神木《しんぼく》も問屋達《とんやたち》に競《せ》り売りされたんだ
これが例の木か…
たしかに見事な樟《くすのき》だが…病《やまい》にやられて空洞《ウロ》があるそうだぞ
空洞《ウロ》お？ なら建築材《けんちくざい》や船材《ふなざい》に使うのは無理だな
となると樟脳《しょうのう》やら樟脳油《しょうのうあぶら》に使うか？
そのために負《お》うには負担《ふたん》が大きくないか？
廃《すた》れてるとはいえ神木《しんぼく》だ 御祓《おはらい》しないわけにはいかんだろうし
幕府《上》からはその費用《ひよう》は出んのだろう？
切り出しと ここからの運搬《うんぱん》の手間《てま》を考えれば足が出てしまうぞ
……
すっ
皆様《みな》が手を引くなら 私が出しゃばってもよろしいですかな
ざ
中村屋《なかむらや》さん!?
ざわ
ざわ
悪いことは言わんおよしなさいな
それにあんたの商売に使えるのは竹だけでしょうに

まぁまぁこの木は中が空洞《ウロ》なんでしょ?
そしたら私の仕事に使える所もあるかもしれないいじゃないですか
樟《くすのき》といやあ全体に芳香《ほうこう》のある木だ
面白《おもしろ》い一本ができそうじゃないですか
それにこんな大きな奇《くす》しきし霊木《れいぼく》
粗末《そまつ》にしちゃバチがあたる
ざわ ざわ
奇特《きとく》な人よの
自《みず》ら損《そん》をしようとは
ざわ
ならばこの件は中村屋《なかむらや》さんに任《まか》せましょう
御上《おかみ》の布達《ふたつ》とは言え切っちまうならそれ相応《そうおう》の礼《れい》をせにゃ
長年 鎮守《ちんじゅ》の役《やく》を果《は》たしてきた労《ろう》に報《むく》いることもできんでしょう
ざわ ざわ
なんだせっかく見物《けんぶつ》しに来たのにもう終わっちまったのか
なんて性根《しょうね》のよい人だろう
見物《けんぶつ》してた俺ですらそう思える御仁《ごじん》だったんだ

そこから先は俺が話そう
ここより先はすでに天網《てんもう》に編《あ》みこまれた変えようのない真実——…
ある男がその日の夜ある大工の所にひっそりと使いを出した
「あの薬の話は本当なのか？ 玄吉《げんきち》」
「ああ本当だ」
「隣に住んでいる男は裏の医者だ」
「娘の診療《しんりょう》に行った時偶然《ぐうぜん》立ち聞いたんだが」
「あの医者が刀傷《かたなきず》なんかを縫《ぬ》う時に使う薬が」
「ご禁制《きんせい》の阿片《あへん》と同じ効能《こうのう》があるそうだ」
「——そうか ならば玄吉《げんきち》 お前 その薬を盗《ぬす》んでこい そうすれば お前の言い値《ね》の倍の金を払ってやろう」

「ただしそのまま店に運ぶな」
「最近店の者の目が厳《きび》しい」
「やくざ者も縄張《なわば》り荒らしを探《さが》してる」
「何 今日ちょうどよい入れ物を見つけてきた」
「私が切り出しの先導《せんどう》を取る大木に」
「大きな空洞《ウロ》があるそうだ」
「上の方を削《けず》って落とし入れればどんな大荷物でも納《おさ》まるだろう」
「そうすれば私は正面から一度に荷物を回収できる——…」
善《ぜん》も悪《あく》もあざむいて 丸太のまま切り出された荷は蔵《くら》の中
実にあっぱれな策《さく》だったわけだが
あの男にとって非運《ひうん》だったのは神主《かんぬし》の祓《はら》いを受ける前我《わ》が身をかえりみず社《やしろ》を飛び出した妖《あやかし》が一匹いたことと
その身に神木《しんぼく》の祟《たた》りがふりかかるとは考えない不信心者《ふしんじんもの》だったということか

中村屋《なかむらや》の旦那《だんな》さんがケガしたのも祟《たた》りのせいなのか!?
あの人は不信心者《ふしんじんもの》じゃなかったのに
ああ たしか不可解《ふかかい》な大火傷《おおやけど》を負《お》ったんだっけか？
だったら霊木《れいぼく》の祟《たた》りでも不思議じゃねえな
――いや？
違うな
露草《つゆくさ》
お前ならわからないはずないな？
――…

神木《しんぼく》の樹妖《じゅよう》は正しく清《きよ》められ
枝打《えだう》ちの後に執《と》り行《おこな》われた祓《はら》いの儀《ぎ》で
恨《うら》み一つ祟《たた》り一つ残すことなく天《てん》へと還《かえ》ったと
つまりは代《か》わってはらす恨《うら》みはなく
お前はただ狐《きつね》が愚図《ぐず》っているのに乗せられただけだ
……
おのれ戯言《ざれごと》を
この店の主《あるじ》が火傷《ケガ》こそ主殿《あるじどの》の恨《うら》みのあらわれ
いかに戯言《ざれごと》を重《かさ》ねようが
その事実こそが真《まこと》よ!!

いや そいつの言う通りなら蔵《くら》が清浄《せいじょう》だったことが納得できる
神木《しんぼく》を清《きよ》めたことでむしろ荒神《あらがみ》として作用していたんだろう
――じゃあ
まさか……
そう六合《りくごう》の
その通り
バッ
番頭《ばんとう》を怪《あや》しんでいた店主は蔵《くら》にあった丸太から偶然ある粉《こな》を見つける
あわてた店主が粉《こな》を木から取り出すと
落ちて大量に舞《ま》う粉《こな》は足元の提灯《ちょうちん》の中へ
提灯《ちょうちん》の火に吹きつけられた粉《こな》は引火《いんか》して
連鎖的《れんさてき》に店主の手元の方の粉《こな》まで燃え移り
店主の着物と元来よく燃える性《さが》の樟《くすのき》に引火《いんか》した

これを天罰《てんばつ》とするならそれもいい
が露草《つゆくさ》
お前のすべきことは夜行《やこう》に踊《おど》らされている哀《あわ》れな狐《きつね》を
正気《しょうき》に戻すことだろう
お前までみっともなく踊《おど》らされてどうするんだい
うるさい!! お前に何がわかる!!
俺はお前に命令《めいれい》される筋合《すじあ》いはない!!
ああ
本当に俺には馬鹿《ばか》の考えはわからない
こら梵《ぼん》!!
面倒臭《めんどうくさ》がって見捨てようとするでない!!
ちっ!
本気で見捨てる気であったな!!
あやつもこのままでは生きていけぬことくらい理解している!
――…っ
我《わ》が身を重《かさ》ね少々感情的になっているだけだ

露草《つゆくさ》
思い止《とど》まってくれ!!
このままじゃお前もあの狐《きつね》も悪いようにしかならねぇ!!
人も妖《あやかし》も皆辛《みんなつら》い思いして死んじまって終わりなんてのは俺ぁごめんだ!!
頼む!! この通りだ
あの狐を助けてやってくれよ!!
……だから人間《おまえら》は嫌《いや》なんだ
何も知らずに多くを奪《うば》うくせに
同じ顔して他《ほか》のために泣きやがる

ここまでか
チリーン
この鈴《すず》の音《ね》は
——…?
まさか
頭《かしら》!!
妖共《あやかし》が!!
チリーン
ゴ
チリーン
お
チリーン
お
お
お

お
チリーーン
を
――……夜行《やこう》め
失敗作を回収しに来たな
チリーーン
失敗作ではない
この者達《たち》は
天網《てんもう》と違う先を見た
チリーーン
ゆえに天《てん》に
壊される前に
回収するのよ

我《われ》の問《と》いに答えうるひとつの形
このまま散《ち》らすには惜《お》しいではないか
──!!
はっ!よく言うよ
お前に連《つ》れて行かれ自己をなくし転生《てんせい》もできず
夜行《やこう》っ…!!こいつやっと見つ
うぷ
黙ってろ
標本扱《ひょうほんあつか》いされるより ここで散《ち》らしてやった方が親切だと思うけど
如何《いかん》せんこやつらは目立ちすぎた天《てん》の怒りは必至《ひっし》
ここで散《ち》ったとて楽土《らくど》へ導《みちび》かれることはあるまいて
ならば我《われ》がその命《いのち》
我《わ》が問《と》いの鍵《かぎ》として用立てようぞ

おい!!
止《と》めろよ梵天《ぼんてん》!!
何故《なぜ》?
これは君が望んだ結果でもあるじゃないか
!?
夜行《やこう》も言っていたろう この結果は天網《てんもう》にはない
本来は狐《きつね》に ここの家人《かじん》は全《すべ》て 一息《ひといき》の間《ま》に祟《たた》り殺される はずだった
この場にいるはずのない者を連《つ》れ
この場にいるはずのない俺が手を貸し
この場にいるはずのない夜行《やこう》が現れた
これが君の選択した結果だよ
満足だろう?
違う!
お
六合《りくごう》さん!?
危ない!!
鴇《とき》下《さ》がれ!!

馬鹿野郎《ばかやろう》
何してる!! 巻きこまれるぞ!!
くそ 放《はな》せ平八《へいはち》
いててて
今更お前にできることなんてねえ!!
徒死《むだじ》にしてえならよそでやれ!!
うるさい!!

恨《うら》めしい、
呪《のろ》ってやる
悔《くや》しい、
呪《のろ》ってやる
俺《人》という形への純粋なる悪意
なんの救いもない
こわい こわい こわい…
こわい!!
こんなものが俺の望んだ形だなんて…

嫌《いや》だ！
!

ぐえっ
二度目っ

しぃ……ん
ハア ハア
ぜぇ ぜぇ
間一髪《かんいっぱつ》っ…
鴇《とき》!!
おおい
大丈夫か!?
…息はしてる…
瘴気《しょうき》に当てられて
気絶《きぜつ》してるだけだ
そ
そうか…
この狐《きつね》…
ふんふん

今様《いまよう》なのか…？
ケン
ケンケン
―…っ！
あっはっはっは これは驚《おどろ》いた とんだ力技《ちからわざ》だ
なんの解決にもなっていないが 情意《じょうい》は伝わるな
すっ
梵《ぼん》
この程度のものであるか？
―

これだけの頭数を揃《そろ》えさせ
お主《ぬし》がやりたかったことはこの程度のことなのであるか？
――ふん
俺はお前のそういう所が気に入ってるよ
空五倍子《うつぶし》
夜行《やこう》
大事な研究材料は回収《かいしゅう》し損《そこ》ねたようだな
――…
今のは お主《ぬし》の入れ知恵《ぢえ》か？
ああ・・・ そうだ・・・
口惜《くちお》しがりながら寝床《ねどこ》に帰るがいいよ
……
走狗《そうく》めが

すっ
空五倍子《うつぶし》
露草《つゆくさ》!?
おい
安心しろ
これで余興《よきょう》は終わりだよ
あの馬鹿《ばか》共が舞台を再開すればいよいよ本番
やれやれ やはり一度ここで一回休み…かな
それでこそこの布石《ふせき》に意味がある
役者は揃《そろ》えた

喜劇《きげき》となるか 悲劇《ひげき》となるか
どちらにせよ 鍵《かぎ》をにぎるのは
やはり〈白紙の者〉だ

昨晩 そんなことが…
呪《のろ》いや祟《たた》りなど にわかに信じがたい ことですが…
そうですか…
番頭《ばんとう》のしたことを 思えば… そういうことも あるかもしれません
第二十三夜 高嶺颪《たかねおろし》の虎落笛《もがりぶえ》
旦那《だんな》様 本当ですよ その話はっ…!! 俺ぁ見ちまったんです あの晩…
ざわ
他《ほか》にも 寝込んじまった 奴がいるんだろ?
ざわ
ざわ
もしかして このまま死んで しまうんじゃ…
……
番頭《ばんとう》も他《ほか》の者も こちらのご住職が 祓《はら》って下《くだ》さったから 大丈夫だよ
命に 大事はない
ざわ ざわ

今度のことで皆《みな》には本当に迷惑をかけた
今すぐ辞《や》めたい者は申し出ておくれ
蓄財《ちくざい》でできる限りの世話はする
そ
そんな旦那《だんな》様まさかっ…！
どうせ近いうちに店は畳《たた》むことになる
たとえ気がつかなかったとはいえこの店でご禁制《きんせい》の薬を売っていたことはたしか
お咎《とが》めは免《まぬか》れまい
昨夜のことも人々の噂《うわさ》になるだろう
そうなれば客も引いていく
これは番頭《ばんとう》一人の咎《とが》ではない
止《と》められなかった私の咎《とが》でもある

あれが狂《くる》わせてしまった人生は幾《いく》つあったろう？
だが又次《またじ》がこの店と私を支《ささ》え続けてきてくれたのも事実
ぎゅ
あれをこんな風《ふう》に狂《くる》わせてしまったのはこの私かもしれん
――いや
番頭《又次》さんを狂《くる》わせたのは
数の力です
一人に売れば一袋一両 二人に売れば二袋二両
数は貯《た》まれば貯《た》まるほど
数の中身を忘れて輪郭《りんかく》を曖昧《あいまい》にしてしまう
その数ひとつひとつに意味があることを忘れてしまう

第二十三夜

高嶺《たかね》颪《おろし》の虎落笛《もがりぶえ》

失礼する!!
スパーン
うわっ
──ん すまん
そこにどなたか
いらしたのか
ん?
あ
あの時の同心《どうしん》!
貴様《きさま》ア!!!
萬屋《よろずや》の丁稚《でっち》
ではないかっ!!!
どうして貴様《きさま》が
こんな所に
いる!!!
何用だっ!!
ギャオーー
山内殿《やまうちどの》!!
こらこら
病人の前で
叫ぶなっ!
ビクッ
萬屋の丁稚?
やまうちさま♡
ぽふ

私が見舞《みま》い品《ひん》の荷物持ちに連《つ》れてきたんですよお♡
ずびしっ
はははは
うわぁ――間抜《まぬ》け面《づら》♡
わー わー
旦那《だんな》!!! 正気に戻ってくだせぇ――!!
殺す
おんおん
萬屋の若旦那?!! いつの間に?!
わー怖や怖や
こんな所にどうしていんのかこっちが聞きてぇなぁ
旦那《だんな》 市中見廻《しちゅうみまわ》りのお役目は?
好きで来たのではない!!
同僚《どうりょう》が諸事《しょじ》あって役目《やくめ》を辞《じ》した関係で別のお役目《やくめ》を仰《おお》せつかったのだ!
ちっ
その者はこちらの又次《またじ》とは懇意《こんい》だったと聞いてな
チンッ
――あ
あの様子じゃ番頭《ばんとう》の奴
明日にでも伝手《つて》のある役人を呼ぶつもりだろう
辞《じ》したって…?
しっ
お辞《や》めになったようですねぇ

おほん
あーー それでだな その二人の関係と
市中《しちゅう》の噂《うわさ》について 少々店主《てんしゅ》に 確認したいことが あってだな……
ちろり
……
…おい!
じぃーー
とっとと 部外者は 出ていかんか!!!
へえへえ 了解
えっ
あっ
さーて 行きやしょ 行きやしょ
とっとっと
お お お
ちっ
ケチ
あおんないで 下《くだ》さーーい!!

佐々木《ささき》さんへの早文《はやぶみ》が間に合ってよかった
え
昨夜あれだけ騒《さわ》いじまったでしょう？
ちったぁ周囲も怪《あや》しむし同心《どうしん》も来るだろうと思ってやしたから
番頭《ばんとう》と妙《みょう》な繋《つな》がりのある同心《どうしん》が来ねえようにお願いしといたんです
じゃあ退職《たいしょく》した同僚《どうりょう》っていう人は佐々木《ささき》さんに…
山内《やまうち》さんは単純《たんじゅん》でくそ真面目《まじめ》な方ですから上の言うことは多少の矛盾《むじゅん》も気付かねぇんですよ
これで内藤新宿《ないとうしんじゅく》での殺しはやくざ者の縄張《なわば》り争《あらそ》いだと納得《なっとく》し
同僚《どうりょう》の汚職《おしょく》事件を中村屋《なかむらや》が白状《はくじょう》したままに処理《しょり》するでしょう
これで一件落着《いっけんらくちゃく》ってわけです

——まぁ
もっとも 私としては
六合《りくごう》さん あんたが天座《あまざ》の連中と仲良《なかよ》くしてらっしゃる件が
まだ落着《らくちゃく》してねえんですが…？
別に仲良《なかよ》くはっ！
じゃあ今山内《やまうち》さんを呼んできて天座《あまざ》の仲間にいた左腕の入墨《いれずみ》の男を「捜し人ですよ」と捕縛《ほばく》させてもかまわねぇと？
それはっ
——…やめて下さい あの人一応 俺の恩人《おんじん》です…

——……六合《りくごう》さん
あんたの力をこの目で見た上で言わせてもらうが
あんたがそっちに行くってんなら
陰陽寮《うちら》はまずあんたから狙《ねら》うぜ？
たしかにえらく珍《めずら》しい力だ
けどそんだけだ
てめえの命《たま》ひとつろくに守れやしねぇ
そんなモンは糞《くそ》の役《やく》にも立ちゃあしねぇよ

人と妖《あやかし》の間で情が交《か》わせるなんて夢物語は見ねぇこった
さもなきゃ次は…
こんな怪《け》我《が》じゃ済まねぇ
あんた殺されるよ
悪いことは言わねぇこっちに戻ってきな
俺ぁ物騒《ぶっそう》なこたあ嫌《きら》いな性質《タチ》なんだ
後味《あとあじ》悪ィ思いはさせねぇでくれよ?

ぴく
ふうむ
妖《あやかし》が実体になっているのか
見た目は地味だがこれは見事な力であるな
……
…やぁ六合《りくごう》の
——…なんかこんな日なたであんたら見るのも妙《みょう》な気分だな
ぷ
——…君俺達《たち》を幽霊《ゆうれい》か吸血鬼《きゅうけつき》だと勘違いしてないかい？

もっとも俺も
こんな所からはさっさと
移動したいんだが…
あそこで
頑張《がんば》ってる奴《アホ》が
いるもんでね
鴇《とき》
鴇《とき》
わっ
平八《へいはち》さん!?
びっくりした…
いいから
静かに!
こっち
来い!!
とと
ぐい
ぐい
え?
どうしたん
ですか?
よーし
ガキ!!
度胸《どきょう》
だめしだ
は!?
いいか
そろー
おどろく
なよ?
じりじりじり
ずるずる

ぱっ
ぎゃ
何あコレぇ
耳もとで叫《さけ》ぶんじゃねぇよ
ぎゅっ
ぎゃ――!!!
鴇《とき》――!!
露草《つゆくさ》だ
ぶきゅるっ
げほっ

人の姿を保《たも》つ力も 尽きたのさ
ほっとけば そのうち勝手に 目を覚まして 元に戻るよ
その布はがすんじゃないよ せっかく新しく作ったんだから
殺したいのかい…?
ほらみろ やっぱ今は絶対に 安静《あんせい》にしてねえと じゃねえか!!!
ガー
なんで俺が そいつの体調を 優先《ゆうせん》しなきゃ ならないんだ?
仲間だろ!?
はっ!
こんな単細胞《たんさいぼう》が!? 冗談じゃない!!
じゃあ あいつは…
駕籠《かご》代わり
ガーン
たたたっ
今様《いまよう》!
ふむ
己《おのれ》を救った人間のことは わかるのであるな
!

……
ぬっ
！
びくっ
……こうして間近《まぢか》で話しをするのは初めてであるな!!
白沢《はくたく》よ!!
どどん
は
はい!?
我《われ》の名は空五倍子《うつぶし》と言う
なんだ見た通りまるで童《わらわ》であるな斯様《かよう》に小さい体であの様な力があるのか
ひっ
あっ
えっ ああ
わ〜〜
ふーむ
ゆさゆさ
ゆさ
ゆさ
やめい！
うお！
だっ大丈夫か……？

あの
六合《りくごう》です
あ
白沢《はくたく》ってのは…
──白沢《はくたく》とは
神智《じんち》を持つ
神獣《しんじゅう》の名である
その知識は
この世に遍《あまね》く
通じておると言う
なるほど白沢《はくたく》では
名前負けだが
悪くはない
梵《ぼん》の
買いかぶりでは
ないようであるな
む
信用して
いなかった
のか?
♪ねえ〜しおれ〜
ねえ〜しおれ〜
元気になあれ
よ〜♪
なでなで
〜♪
要《よう》は使いようだ
空五倍子《うつぶし》
おーおー
全《まった》く己《おのれ》の能力を
生かしきっていない
臆病者《おくびょうもの》だが
唯一無二《ゆいいつむに》だからこそ
この俺がわざわざ
構《かま》ってやってるんだ
臆病者《おくびょうもの》!?
ムッ
ふいっ
違うとでも
?

……お話しの邪魔《じゃま》でしたかな？
ぎょっ
…
ぴたっ
こちらに沙門殿《しゃもんどの》の知人《ちじん》の皆様《みな》がいると聞き
一言お礼を…
え
えっ
うっ うお
落ち着け!! 目が見えてないだろうが！
ん？
おや これはまたずいぶんと大柄《おおがら》な御仁《ごじん》のようで…
ま
まぁ
そうだなっ
さっ 先ほどもここの鴨居《かもい》に何度か頭が当たってなっ
物言いたげな視線
じぃ
だらだら
ちらり
今回の一件では
見るからに怪《あや》しい気配《けはい》
皆様《みな》にもご尽力《じんりょく》頂《いただ》いたようでお礼申し上げます
ぶんぶんぶんぶん
なななななにを
なぜここに
ばたばたばた
いや
礼にはおよばぬ
…鴇《とき》
黙秘。

すり
――ん?
あ
すいません
こら
今様《いまよう》!!
ははは
子犬ですかな?
なんだい
残念だが
菓子はないぞ
ケン
ケン
こら今様《いまよう》!
どきなさい
……
すっ
もしかして

これかい？
ことん
ぱくっ
あっ こら!!
たっ
ははは いいんですよ 差し上げます
今のは私が趣味でやっている木彫《きぼ》りです
あの樟《くすのき》の木片《もくへん》で作ったのでよい香りがしたんでしょう
樟《くすのき》の前にあったのが稲荷《いなり》だったのをふと思い出して作っていたものです
ただの気紛《きまぐ》れだったんですが…
実は今回の一件
私が不思議なことでも信じる気になったのには理由があるんです

――…炎に
まかれた
あの時――…
死にそうになって
蔵《くら》の中でもがいていた
私の頭に
ぴしゃりと
冷水《れいすい》のような声が
響《ひび》きました
こっちだ!!
そしてふいに背に
夜風を感じました
私は用心して
ぴっちり扉《と》を閉じて
いたはずなのに
言われるままに
よろけて出た先は
庭でした

蔵《くら》の中も
延焼《えんしょう》していても
おかしくない
事態だったのに
燃えていたのは
丸太が一本だけ
でした
笑って下《くだ》さい
私はあの木が
身代《みが》わりになって
くれたんじゃないかって
そう思えて
ならないんですよ
笑える
はずがない

むしろそうであればいい
今様《いまよう》——?
どこだ——?
たくさんすれ違って
わかりあえなくて
つらいことばかりでも
ありがとう
たったひとつでも
ケン

か細くつながった縁《えん》が
誰かの力になるなら
ただの夢物語だと笑われても

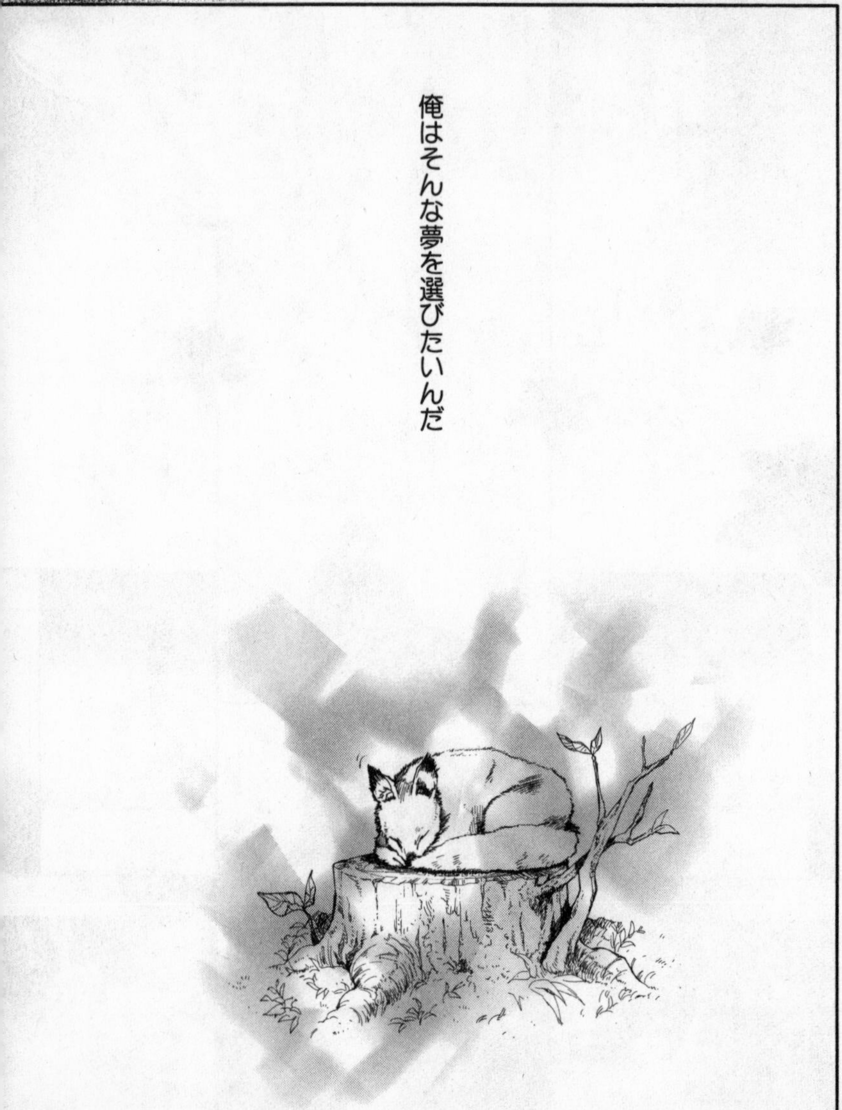
俺はそんな夢を選びたいんだ

カンデンカンデン
憐《あわ》れな子
哀《あわ》れな子
――…
――…これは…
ズキズキ
カンデン
カンデン
カタリのハナに 神は宿《やど》られる
笛《ふえ》の音《ね》に 神は宿《やど》られる

眠らされてるのか？
くそっ
！
ピクッ
おやすみなさい
あいつ何をするつもりだ
父の残せし笛《ふえ》の音はてぃ・ほろろと父を呼ぶ
母の残せし笛《ふえ》の音はヒュラリー・ヒャーと母を呼ぶ
ひとつは南
ひとつは北
ひとつは東
ひとつは西

中心に
御座《ござ》すのは尊堂《そんどう》
な
なんだ
この重さ
はっ…
ジ
ジ ジ…
!
なっ…
何をしてるんだっ
あの野郎《やろう》
御尊顔《ごそんがん》
拝《はい》する無礼《ぶれい》を
お許し下《くだ》さい

外か
父は山へと帰っていった
母は海へと帰っていった
童子《どうじ》は一人残された
バッ
哀《あわ》れ童子《どうじ》
神の子《ヒトノコ》よ
あわれ
あわれ
あわれ
な

天に最も近い地で　童子《どうじ》は笛《ふえ》を高く吹く
おや　面白《おもしろ》い　夢に見た通りのお姿だ
てい・ほろろ　ヒュラリー・ヒャー
はじめまして
帝天《ていてん》
笛《ふえ》を吹いて　父母《オヤ》を　呼ぶ

第二十四夜 朱《しゅ》のゆずり葉
あのやろう
…一体何してやがんだ!?

第二十四夜　朱《しゅ》のゆずり葉

――ふうん　なるほど
で　佐々木《ささき》　約束の三日は過ぎたが　何か変化はあったのか？
は
大極《たいきょく》にはいまだ変化は見られないものの　天網《てんもう》が崩《くず》れているのは確かかと…
天をあまねく覆《おお》う網《あみ》に　人の生《い》く末《すえ》は全《すべ》て　絡《から》み取られる――…
ぱちゃん
余《よ》と幕府《ばくふ》の命運《めいうん》の　全《すべ》ては我らが　預《あず》り知らぬ天に　決められている

朝廷《ちょうてい》はいまだ帝天《ていてん》を天子様《てんしさま》の祖《そ》としあがめよと喧《やかま》しいが
国の行く末《すえ》を天任《うんまか》せにして何が将軍よ
恐《おそ》れながら上様《うえさま》　この佐々木《ささき》
布石《ふせき》はすでに幾《いく》つか…
…申《もう》せ
まず「帝天《ていてん》」と言われしものが「自らの意志を持つ」ものなのかを確認し
「是《ぜ》」なら交渉《こうしょう》「否《いな》」の場合　または交渉決裂時《こうしょうけつれつじ》には
帝天《ていてん》を「破壊」する駒《こま》を幾《いく》つか用意しております
……確認？
ということはアレが帝天《ていてん》と接触《せっしょく》することを呑《の》んだか

ポチャン
妹御《いもうとご》の安全が保障
された故《ゆえ》の決心かと
――そうか
呪《のろ》われし者とて
長年世話になった
礼の一つも言いたい
ものだが
恐《おそ》れながら上様《うえさま》
すでに儀式《ぎしき》は
始まっている
頃合《ころあい》かと…
――ふむ
それは
憐《あわ》れなことだ

――実に憐《あわ》れだ
ふぅ
なんだか仲良し
お前らの頭《あたま》は！
なあおい ハラへらねぇかー？
外で調達してくればよいのでは
あ
じゃあ 近くに美味しいソバ屋が――
和気藹藹
――鴇《とき》 こりゃどういう事態なんだ？
なんだか あちすごい妖気なんだが…
えーと 俺も説明に困るんだけど…その
ズーーン
――沙門《しゃもん》さんは「妖怪《ようかい》だけど たぶん あいつらは悪い奴らじゃない」って言っても
…怒《おこ》りませんか？
……
――なんだ 朽葉《くちは》に何か言われたか？

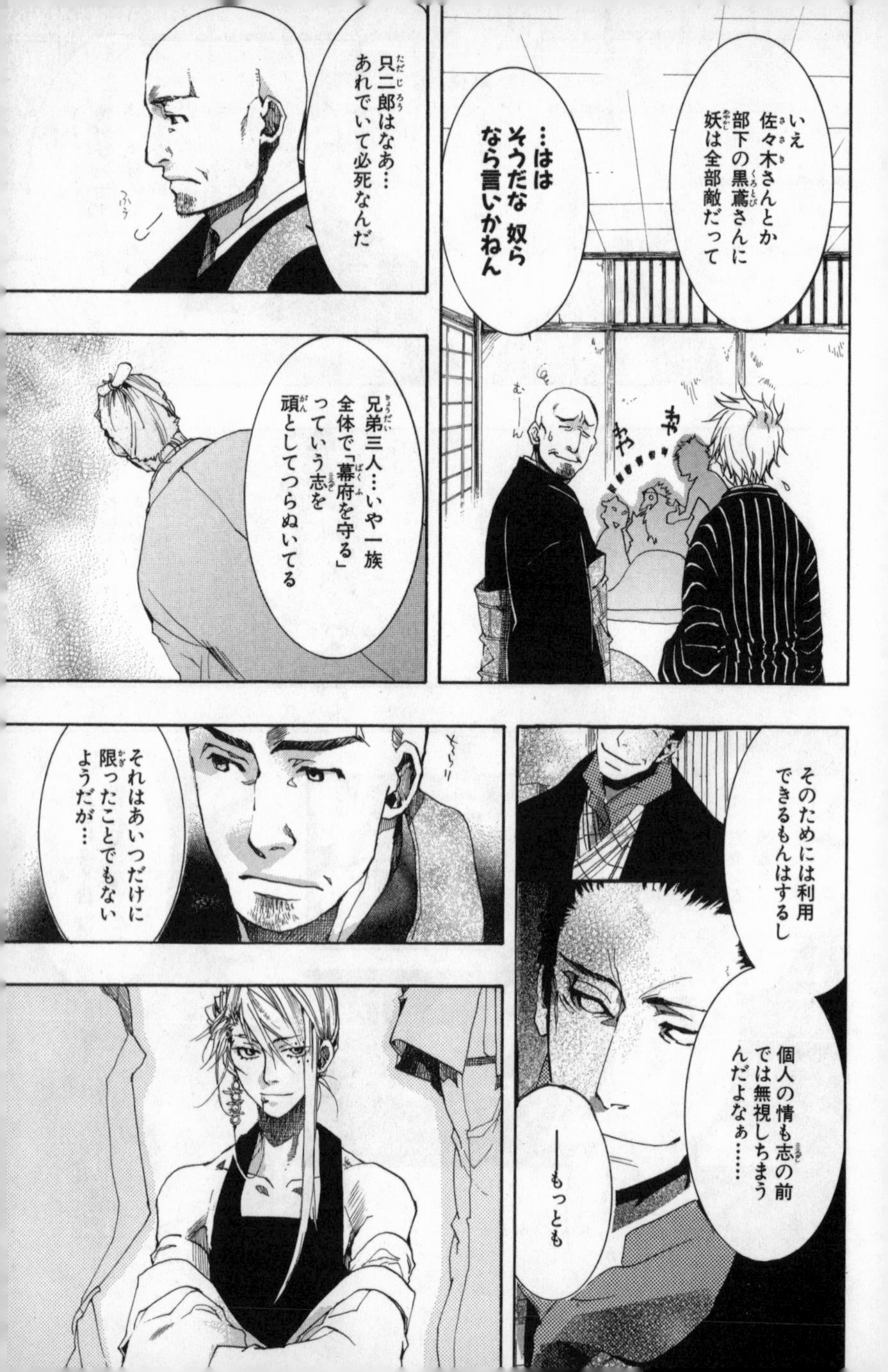
いえ 佐々木《ささき》さんとか 部下の黒鳶《くろとび》さんに 妖《あやかし》は全部敵だって
…はは そうだな 奴らなら言いかねん
むーん
わやわや
只二郎《ただじろう》はなあ… あれでいて必死なんだ
ふぅ
兄弟《きょうだい》三人…いや一族 全体で「幕府《ばくふ》を守る」っていう志《こころざし》を 頑《がん》としてつらぬいてる
そのためには利用 できるもんはするし
個人の情も志《こころざし》の前 では無視しちまう んだよなぁ……
——もっとも
ちらり
それはあいつだけに 限《かぎ》ったことでもない ようだが…

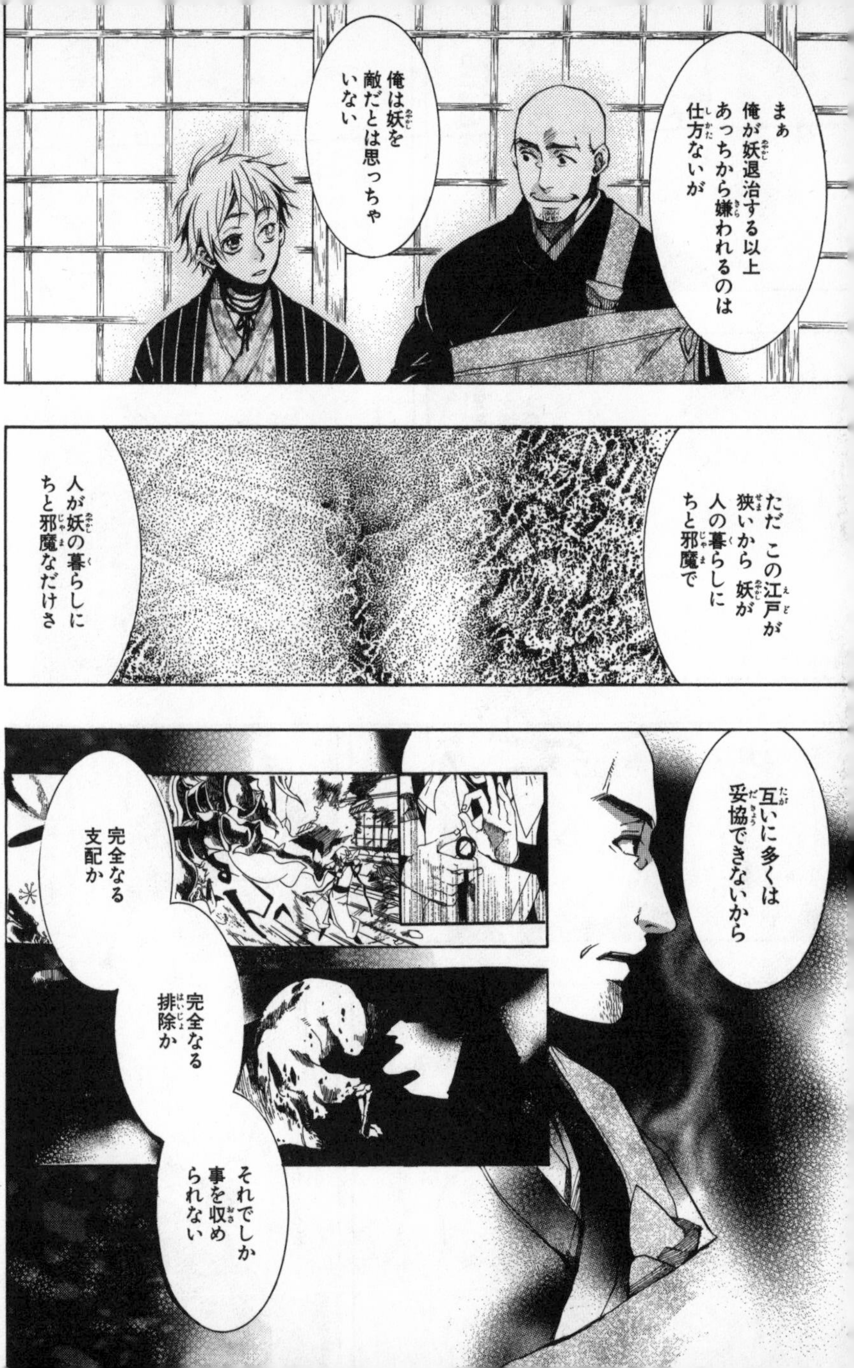
まぁ 俺が妖《あやかし》退治する以上 あっちから嫌《きら》われるのは 仕方《しかた》ないが
俺は妖《あやかし》を 敵だとは思っちゃ いない
ただ この江戸《えど》が 狭《せま》いから 妖《あやかし》が 人の暮《く》らしに ちと邪魔《じゃま》で
人が妖《あやかし》の暮《く》らしに ちと邪魔《じゃま》なだけさ
互《たが》いに多くは 妥協《だきょう》できないから
完全なる 支配か
完全なる 排除《はいじょ》か
それでしか 事を収《おさ》め られない

だがうまく〜く
お互《たが》い折《お》り合《あ》い
つけられりゃ
鴇《とき》とこいつらのように
助けあえる
だったら「妖《あやかし》」が全部
「敵」とは言えんだろ?
―――…
…ですよね
退屈《たいくつ》な話
だな
ひょい
あっ
狐《きつね》は飼《か》い主《ぬし》が
引き取りに来た
みたいだね
そこの坊主《ぼうず》
職のわりに
考え方が柔軟《じゅうなん》で
いいね

だが見落としがあるな
支配権や縄張《なわば》りを争《あらそ》っているのは人と妖《あやかし》だけじゃないよ
ひとつは「人」
ひとつは「妖《あやかし》」
もうひとつは「天」だ

？
どういう意味だ？
天はすでに…
——…！
お前…
何を企《たくら》んでいる!?
——…さあ？
教えろよ！
お前はいつも
選べ選べって
言うけど
何も教えないで
それは不公平《ふこうへい》だろ
馬鹿《ばか》な発言だね
世の中不公平《ふこうへい》なこと
ばかりだよ
悪意は確実に
存在しているし
はぁ
善意《ぜんい》は
わかりやすい形で
与《あた》えられるとは
限《かぎ》らないんだ
振り回されたく
なければ自分で
まず考えろ
ビシッ
その頭が
動く限《かぎ》り！
いでっ

俺達《たち》の上には
天がいて
天が「知らない」のは
君だけで常《つね》に俺達《たち》は
見られている
一言一句《いちごんいっく》見られている
それでも君は俺に
何もかもべらべら
話せと言うのかい？
――聞かれたら
まずいのか？
まだ
わからないのか？
君って奴は
わっ

俺の言う天とは坊主達《ぼうずたち》の言う神や仏のことじゃない
はるか高みの王座《おうざ》から下界《げかい》を見下ろす
…
意志ある存在のこと
露草《つゆくさ》が目覚めて姫の呪《のろ》いを解《と》くまでまだ時間がある
ここでなら話してやろう
俺は以前ここと同じ「狭間《はざま》の場所」で
君に「姫と俺どちらを選ぶか」を聞いた
それは……その問《と》いの言葉を帝天《ていてん》に聞かれたくなかったからだ
言葉の意味を　理解していたかい？

人は妖《あやかし》を嫌悪《けんお》し 天の支配に無知《むち》だ
妖《あやかし》は人を憎《にく》み 天の仕打ちを恨《うら》む
天は人を見守り 妖《あやかし》を監視《かんし》する
三つの力関係《バランス》は 安定し 天の走狗《そうく》は 崩《くず》す者を許さない
人と妖《あやかし》の一部は 「あること」に気付き 天に消された
一部は答えを 特権《とっけん》と交換《こうかん》し 口を閉ざした

!
「なぜ人と妖《あやかし》は争《あらそ》うのか」
「そもそも妖《あやかし》と人はどう違うのか」
「天とはなんなのか」

巫《み》女《こ》よ
何故《なにゆえ》天に逆《さか》らうか
何故《なにゆえ》網《あみ》を守らぬか
何故《なにゆえ》大恩《たいおん》を忘れるか
ゴ
ゴ
ゴ
何故《なにゆえ》!!

何《なに》故《ゆえ》に
ゴゴ
何故《なにゆえ》
何故《なにゆえ》天に弓《ゆみ》引くか！
ゴゴゴ
何故《なにゆえ》!!
何故《なにゆえ》!!

あなたが必要でないからだ
「共通《われら》の敵は」
「帝天《ていてん》ではないか」

――なんてことを!!
お前達《たち》…
正気か!?
何が豪気《ごうき》じゃねぇか!
したり
でなければ梵《ぼん》の下《もと》に集《つど》いはせん
――…
姫《ひと》は天網《てんもう》と帝天《ていてん》つまりはこの世の破壊を望む
俺《ようかい》はこの世を守りながら
君を帝天《ていてん》にしたいのさ

笑止《しょうし》!!
!!

！
ドッ
ドッ
巫女《みこ》よ
慈悲《じひ》を乞《こ》え
引き返せ
神も仏も入り乱れて
まぁ大所帯だこと
はー
今なら
許す
いかに
約束が
すっ…
あるんです

!?
「緩《ゆる》やかな荒廃《こうはい》を待つより」
「前に進もう」って
!!
なっ!? 何を…

貴様《きさま》…！我ら《天》と融合《ゆうごう》するつもりか…!!!
貴方《あなた》が私に与《あた》えて下《くだ》さった力
御身《おんみ》でお試《ため》し下《くだ》さいませ
貴様《きさま》あ!!!この様なことをしてもなんにもならんぞ!!
かもしれないけれど何かになるかもしれない
見知った先より…
私は何も知らぬ未来を望む!!!

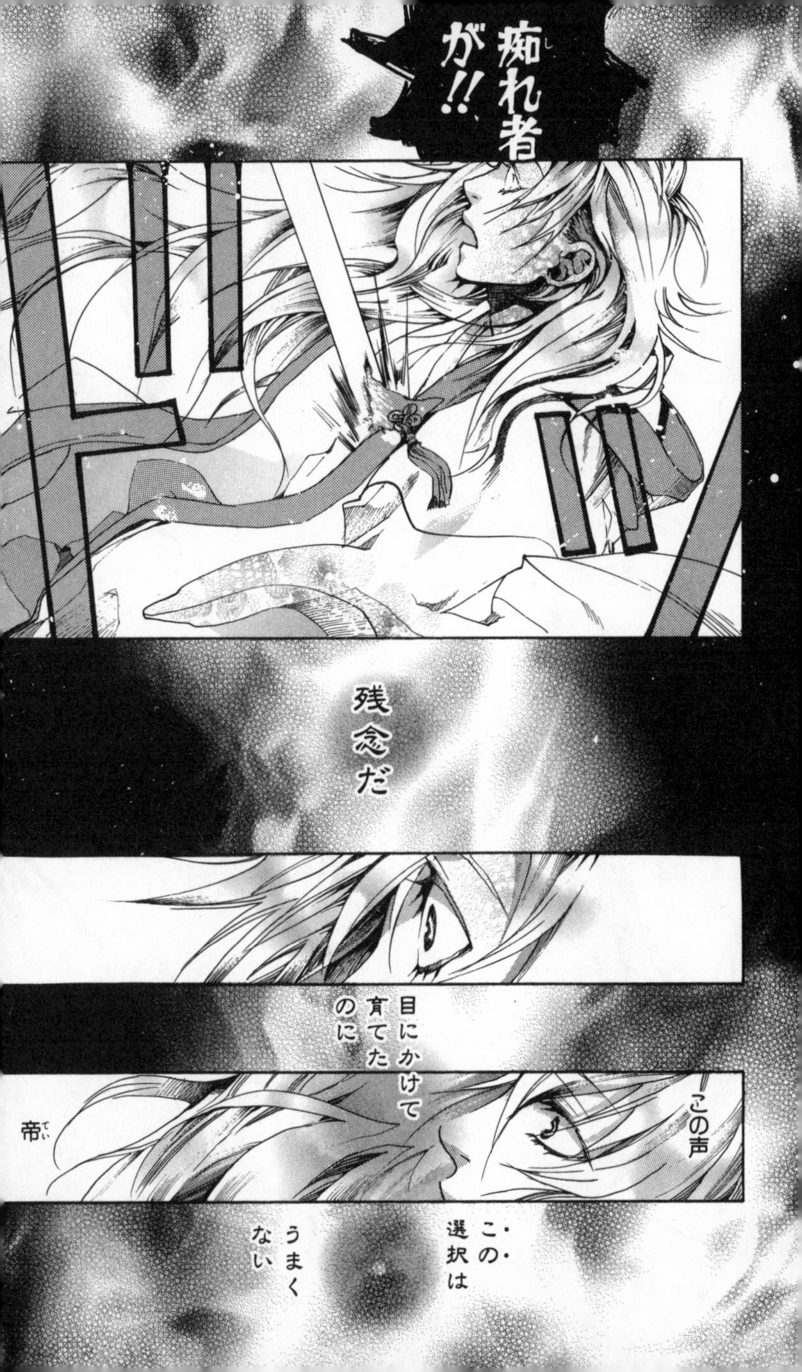

痴《し》れ者が!!
残念だ
目にかけて育てたのに
この声
帝《てい》
この選択は
うまくない

天《でん》…？
!?
なんだ…!?
――…これは…？
ふわり
!

——鴇《とき》の眼帯《がんたい》に集まってくる…？
——!?
逃げて
遠くへ
その声 銀朱《ぎんしゅ》か
ゴゴオオオ
早く！

初出・月刊コミックZERO-SUM平成18年3月号、4月号、6～9月号

暗い闇
黒い空
冬の蝶《ちょう》
凍蝶《いててふ》よ
思い出すのは

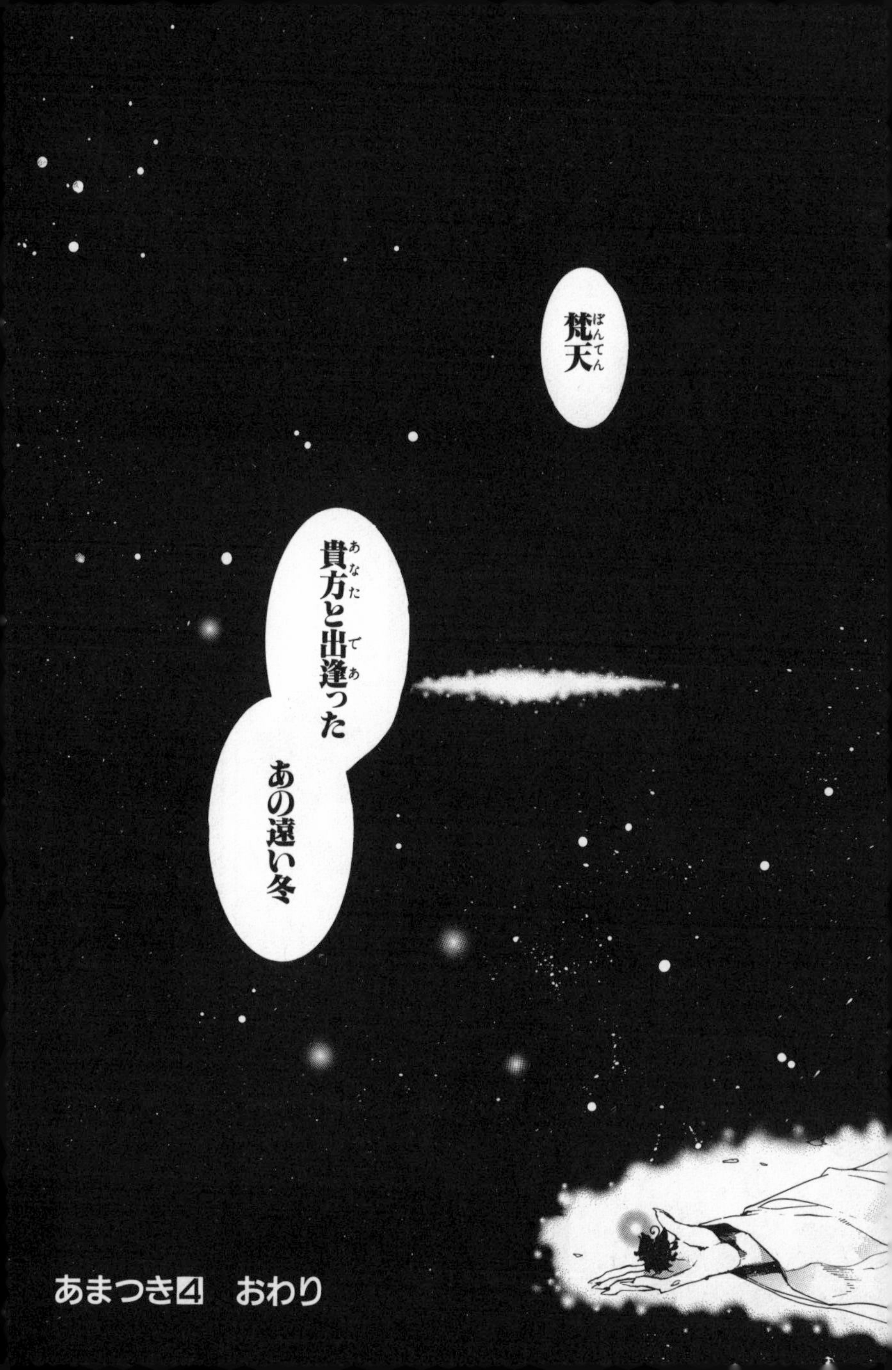
梵天《ぼんてん》
貴方《あなた》と出逢《であ》った
あの遠い冬

あまつき④　おわり

参考文献：図説江戸①～⑤／学研／江戸のかたち／日本良夫・小澤弘／学研／大江戸八百八町／江戸東京博物館／大江戸八百八町知れば知るほど／石川英輔／実業之日本社／民家と町並／小学館
みるみるプログラミングがわかる本／掌田津耶乃／秀和システム／茶の湯禅語便利帳／主婦の友社／日本の紋章／ピエブックス／京の坪庭／水野克比古／光村推古書院

井筒/井筒法衣店//東京時代MAP大江戸編/新創社編/光村推古書院//江戸時代の科学技術/市立長浜城歴史博物館//日本史総覧/東京法令出版株式会社
花とみどりのことのは/幻冬舎//色々な色/光琳社出版//続・言葉の風景/野呂希一・荒井和生/青菁社//ファインボーイズ/日之出出版//日本・中国の文様事典/視覚デザイン編集部

日本ビジュアル生活史 江戸の料理と食生活/原田信男/小学館//きものと裂のことば案内/長崎巌/小学館//すぐわかるきものの美/道明三保子/東京美術

日本の古社大神神社／淡交社／大江戸酒道楽／ラズウェル細木／リイド社／和の色手帖／武井邦彦・石田純子 グラフィック社／妖怪の本／学研／敬称略

END 2006 TAKATAMA

兄様!!
日々はおだやかに過ぎていた
与えられた仕事をこなしていき
終われば妹と遊ぶ
お仕事終わった!?
くり返す日々 守るべき人々
それを疑ったことはなかった
「銀朱《ぎんしゅ》」の役目は単純そのもの
「守ること」 ただそれだけ
この身そのものが盾《たて》
――ふぅ
本日のお仕事は全て終了です
ほっ
ご苦労様でした
すぐにごろごろしない!!
もー
他《ほか》の人に見られますよ

盾《たて》である私には
力は必要なかった
そう この時は まだ
おどろいた
一人でそっちから近寄ってくるなんて
彼ですら
小さな鳥にすぎなかった

銀朱《ぎんしゅ》と梵天《ぼんてん》、二つの運命がここで出会う。
衝撃の過去編、始動――――――。

あまつき 5

大好評発売中!!

B6判／定価580円（税込）

P9-AOJ-119

ZERO-SUM COMICS

あまつき

4

2006年11月15日　初版発行
2007年11月30日　第4刷発行

著者／高山しのぶ

発行者／杉野庸介
担当編集／君島彩子
発行所／株式会社一迅社
〒160-0022 東京都新宿区新宿2-5-10　成信ビル8F
電話　03-5312-6851（編集）
電話　03-5312-6150（営業）
印刷・製本／凸版印刷株式会社
装幀／星野いづみ

本書の全部または一部を無断で複写（コピー）することは、著作権法上での例外を除き、禁じられています。
落丁・乱丁本は株式会社一迅社販売部までお送りください。送料小社負担にてお取替えいたします。
定価はカバーに表示してあります。

ISBN978-4-7580-5243-6
©高山しのぶ／一迅社2006　Printed in JAPAN

IDコミックス

●この作品はフィクションです。実際の人物・団体・事件などには関係ありません。